Le Roman en pièce

ou

Les petites cuillères
de porcelaine rouge

©2021. EDICO
Édition : JDH Éditions

77600 Bussy-Saint-Georges. France
Imprimé par BoD – Books on Demand, Norderstedt, Allemagne

Réalisation graphique couverture : Yoann Laurent-Rouault
Correction : Clémentine Vacherie

ISBN : 978-2-38127-185-9
Dépôt légal : juillet 2021

Le Code de la propriété intellectuelle n'autorisant, aux termes de l'article L.122-5.2° et 3°a, d'une part, que les copies ou reproductions strictement réservées à l'usage privé du copiste et non destinées à une utilisation collective , et d'autre part, que les analyses et les courtes citations dans un but d'exemple et d'illustration, toute représentation ou reproduction intégrale ou partielle faite sans le consentement de l'auteur ou ses ayants droit ou ayants cause est illicite (art. L. 122-4).
Cette représentation ou reproduction, par quelque procédé que ce soit constituerait une contrefaçon sanctionnée par les articles L. 335-2 et suivants du Code de la propriété intellectuelle.

Yoann Laurent-Rouault
présente

Le Roman en pièce

ou

Les petites cuillères de porcelaine rouge

Roman comique en trois actes avec vaudeville

JDH Éditions
Drôles de pages

« À celles que j'ai aimées.
À celles que j'ai détestées.
À celles que j'ai aimé détester.
À celles qui m'ont donné le pire.
À celles qui m'ont donné le meilleur.
Mais surtout à moi, qui leur ai survécu. »

Yoann Laurent-Rouault

Acte 1

ou

Première partie

Acte 1
Scène 1, chapitre 1

Les personnages de la scène première :
- **Egon De Housse**, jeune homme brillant, héros de l'histoire.
- **Elle**, sujet principal, mais à l'inverse, brillante par son absence.
- **Un petit homme**, avec de petites lunettes rondes.
- **Un citron**, pressé.
- **La serveuse**, dite Hiroshima ou Hiroshima mon amour, selon.
- **Une petite cuillère**, de porcelaine rouge.
- **Des diablotins**, ricanants.
- **Des goélands**, errants.
- **L'antenniste**, de la tour de Bretagne.
- **Un Hercule**, délicat.
- **Un mannequin**, plat.
- **Une biche**, aux cornes d'or.
- **Un piège**, à con.
- **Une Asiatique**, prise en grippe.
- **Une cage**, à poules.

Note de la direction :
Pour ceux qui n'ont pas la chance d'être présents au spectacle, et donc, qui doivent se rabattre sur le papier, imaginez donc un timbre de voix à la Frédéric Mitterrand pour personnifier les interventions de l'auteur. Ou encore celui de Stéphane Bern. Lui qui aime tant boucher les trous, il serait parfait ici.

Appel.
Le bâton frappe des coups rapides sur le plancher de la scène.
Les spectateurs font silence.
Le bâton frappe les trois coups solennels.
Un.
Deux.
Trois.
Frisson général.
Glissement magistral de l'épaisse étoffe rouge du rideau.
Applaudissement bref, mais chaleureux.

La scène s'ouvre sur le premier tableau. C'est le décor d'une brasserie du centre-ville de Nantes qui est présenté. Décor fruste, froid, que l'on pourrait définir par un autre mot : moderne.
Il y a peu de clients dans l'établissement.
Nous sommes en fin d'après-midi.
En fin de semaine.

Le personnage principal de la farce qui va se jouer sous vos yeux ébahis, Egon De Housse, est assis sur un pouf, derrière une petite table en métal. Une sorte de guéridon post-industriel.
Il consomme lentement son café.
À quatre pas de lui, une serveuse provocante par sa courte tenue accessoirisée est perchée haut, sur un tabouret au comptoir. L'éclairage est en principal sur ses jambes nues. Ceci pour capter l'attention du public dès les premières secondes de jeu.
Progressivement, la lumière se déplace des jambes de la serveuse sur Egon De Housse. Puis, elle se fixe sur lui. Il s'agit de montrer qu'il est le héros. Sans qu'il ne dise rien encore. Ce qui n'est pas si simple que vous pourriez le penser et demande du métier.

Dehors, le jour décline, du moins l'éclairagiste le fait comprendre à sa manière. Des lumières colorées chassent peu à peu la lumière naturelle venant de derrière la vitrine, par l'extérieur.

Sur la scène, vous entendez le bruit de la ville, par intermittence, dès que la porte s'ouvre ou se ferme sur le passage d'un client. Un jazz manouche se joue dans les haut-parleurs discrets de la brasserie. Voilà pour l'ambiance.
Egon est vêtu d'un duffel-coat gris perle. Il se morfond, assis à la table de ce bar à la mode de Nantes. Qui est bien différent

des bars à la mode de Caen, parce que l'on n'y sert pas de tripes froides parfumées à la moutarde. Ce qui est mieux quand, comme lui, on n'est pas spécialement porté sur la triperie. D'ailleurs, dans la bonne ville de Nantes, le petit beurre fait office d'accompagnement en toutes circonstances. De jour comme de nuit. Été comme hiver. On le saura.

Notre homme est vraisemblablement âgé d'une trentaine d'années. Nous devons le deviner puisque ce n'est pas précisé dans la notice ni dans le livret. Nous le devinons, car n'importe quel observateur averti vous dira que les rides, boutons ou encore pattes d'oies et résultats de cultures capillaires isolées sur un poireau sont autant d'indices pour déterminer l'âge d'une personne. Si évidemment on ne voit pas les plis du coude qui, eux, ne permettent pas d'erreurs d'appréciations. Détail pourtant capital que les actrices refaites ont tendance à oublier.

Mais, revenons-en à lui.

Il est plutôt beau garçon. Il a le physique d'un jeune premier romantique du siècle dernier. Ses cheveux bruns et soyeux bouclent naturellement. Ses yeux verts ont la teinte exacte de l'émeraude. Il est svelte, mais doté d'une musculature sèche et harmonieuse.

Au murmure qui parcourt la salle, nous savons maintenant qu'il ne laisse pas indifférentes ces dames.

Les doigts fins de sa main droite remuent une petite cuillère de porcelaine rouge dans une tasse en aluminium brossé. Ses yeux sont dans le vague et son regard est plat comme un mannequin d'un défilé parisien.

Devant lui, la brasserie s'étend de table en table.

Derrière lui, il y a un mur pourvu d'un immense miroir.

Au-dessus de lui, après le plâtre et la structure porteuse du plafond, après plusieurs étages de bureaux, après quelques appartements clandestins, il y a le toit de l'immeuble qui abrite l'établissement où il se trouve. Des goélands y font un nid et un antenniste y travaille sur des bouts de ferrailles tordus.

En dessous, il n'y a rien.

La cave a été comblée en 1993 pendant les travaux du tramway. Avec les vibrations engendrées par cet engin dédié à la mobilité urbaine, c'était plus prudent.

Notre personnage entame un monologue intime. En demi-ton. Dans le secret de son écharpe, élégamment nouée autour de son cou délicat. Egon marmonne des mots qui ont une teinte étrange, comme celle d'un crépuscule lourd et mystérieux, et chargé de légendes urbaines :

Egon, pour lui-même :
Non, j'ai beau réfléchir, c'est vraiment incompréhensible.
C'est même aussi bizarre qu'incompréhensible.
La situation m'échappe totalement.

Puis, se redressant sur son pouf en pilou, le menton en avant et ses lèvres imprimant une moue dubitative, le regard houleux, les sourcils relevés, il poursuit, mais cette fois, à voix haute :

Mon petit Egon,
il faut pourtant trouver une logique à tout ceci,
sinon tu vas mourir con !

Il se sert cette réplique forte, en remuant doucement sa petite cuillère en porcelaine rouge dans sa tasse en aluminium brossé. L'expresso a un goût de pétrole. C'est un pétroléum mazouté au joint caoutchouteux de percolateur. Une spécialité locale servie brûlante. Egon grimace à chaque gorgée.

Mais ce breuvage sied aux pensées ainsi jetées à l'amer. C'est pour ça, et dans un souci de cohérence entre les deux dimensions, qu'il boit ce pétroléum.

Egon fait donc durer sa tasse sur le tempo de ses réminiscences de l'esprit. Cet expresso n'est pourtant guère plus volumineux qu'un dé à coudre. Peut-être qu'il n'a rien d'autre à faire et qu'il ne sait pas où aller en cette fin de soirée au crépuscule chargé et mystérieux.

Pendant ce temps, les goélands continuent leur installation sur le toit de l'immeuble. Imperturbables et méthodiques. Ils savent que si les syndicats de copropriétés veulent les exterminer, la mairie qui est prise en otage par les ligues de défenses ornithologiques les protèges. Et puis, c'est la trêve hivernale de toute façon.

L'antenniste s'énerve sur son échelle, le vent se lève, alors les ondes se dispersent. Et il a oublié son épuisette dans son fourgon. Il grogne. Redescendre en rappel le long de la façade est compliqué avec ce vent. Voire dangereux. Il est la victime d'une phobie absolue des ascenseurs. Il l'avait bien dit au conseiller de Pôle emploi. Mais il n'a rien voulu entendre. Il rumine sa vengeance.

Dans la brasserie, au rez-de-chaussée, Egon songe, en le buvant, que le café machine brûlé au percolateur, c'est un peu comme une jolie fille. Au début, à voir, comme ça de loin, ça présente bien. Ça sent bon et ça donne envie de se mettre en pause et de profiter de la vie pour quelques instants de bonheur solitaire. Pour profiter d'un plaisir renouvelable, fugace et contemplatif.

Mais en réalité, bien souvent, le percolateur est trop chaud et le café qui en coule est brûlé. Et quand la tasse est servie, à la consommation du breuvage, vient un arrière-goût désagréable qui finit par emplir la bouche d'une saveur amère.

Et tout le sucre qu'on y ajoutera ne changera rien à l'histoire.

Pourtant, à l'arrivée sur la table, le café paraissait honnête. Onctueux à souhait. Doré et mousseux et joliment ocré dans sa brume fumante. Et pour qui sait tendre l'oreille d'ailleurs, on entend les bruits de jolis bracelets qui se balancent quand il arrive. Mais c'est un leurre. Autrement dit : un piège à cons.

Il se dit aussi que la serveuse est assez ridicule avec ses couettes qui tressautent à chacun de ses mouvements de tête ou de fesses. Son look manga en jupette écossaise et cravate courte l'énerve. Ses lèvres pulpeuses comme un fruit mûr et les fossettes délicieuses qui les encadrent, son petit nez mutin et les jolies taches de rousseur qui pigmentent ses pommettes sont un appel à une pornographie tapageuse. Et dans le contexte comme pour son état d'esprit, c'est trop pour lui. Il prend l'Asiatique en grippe.

Depuis quelque temps, Egon éprouve, non pas de la haine, ce serait trop simple, mais dirons-nous, une aversion certaine pour les femmes. Et de là à là, il n'y a qu'un pas.

En fait, il vit mal sa rupture avec « elle ».

Cela fait maintenant presque un an que cet Hercule délicat poursuit sa biche aux cornes d'or et aux sabots d'airain. Depuis le jour de sa désertion de leur Olympe commun à loyer modéré, pour être exact.

Jusqu'à aujourd'hui, jour de sa capitulation, il l'a poursuivie sans relâche. De jour comme de nuit.

Vacances et jours fériés compris.

À pied, en voiture, en trottinette électrique, par drones interposés et même en tramway.

En vain.

Elle a couru dans le temps d'avance sans se retourner.

Elle a filé comme file le vent.

En courant l'air de rien.

Elle a filé comme un bas au nylon délicat écorché qui fait une échelle sur la cuisse gainée de la belle. Egon a bien tenté d'y grimper à cette échelle, et de s'accrocher à la jarretière de celle qui avait promis de l'épouser, mais comme nous vous le disions plus tôt : en vain.

Egon, maugréant :
Saloperie de nylon !
C'est fou d'avoir autorisé la production industrielle d'une matière aussi casse-gueule !

Depuis ce soir, il a abandonné aujourd'hui l'idée de la rattraper et de la ramener à la maison. Comme de la séduire à nouveau. Comme de lui faire pitié. Ou de la sauver d'elle-même.
Il a abandonné cette idée. Sans même épingler un mot à son berceau. Sans frapper à la porte de la cathédrale. Mais il faut reconnaître que depuis environ deux heures maintenant, et il le sait, les jours gris vont succéder aux jours gris, sans les milliers de roses qui iraient bien autour. Francis Cabrel a fait un album pour moins que ça, mais Egon ne sait ni chanter ni jouer de la guitare. En plus, il ne peut pas se laisser pousser la moustache, car il est imberbe. Et aussi, un dernier détail, et ça ne l'aide vraiment pas, il est nul pour imiter un accent du terroir qui sent bon le cassoulet.

Mais revenons à la première scène et donc au premier chapitre du roman en pièce :
Pour l'heure et ses minutes comprises, cette serveuse l'agace prodigieusement avec sa jupe plissée trop courte. Comme avec ses bottes qui montent sur ses cuisses nues et appétissantes. Comme avec son chemisier serré qui moule ses seins lourds aux parfaits arrondis. Comme avec son maquillage agressif qui lui fait penser à celui de Romy Schneider dans une scène sensuelle

de Max et les ferrailleurs. Comme avec sa voix enfantine riche de sons frissonnants qui le font malgré lui remonter dans ses souvenirs, au jour de sa première érection consciente et non dissimulée.

C'était au cours élémentaire moyen de deuxième année. Devant la cage aux poules et les deux pieds dans le bac à sable. Il fut victime d'une bien vilaine turgescence provoquée à l'époque par vue de la petite culotte d'une certaine Bénédicte, exhibitionniste acrobatique et future artiste de cirque de plein air.

Elle s'en aperçut, et se moqua.

Depuis, traumatisé, il porte toujours ses chemises par-dessus son pantalon.

Egon se dit que cette serveuse à la touche porno et japonaise est aussi, en plus d'être une acrobate sur tabouret, du genre des filles qui ont pourri sa relation de couple. Et son passage à l'école primaire. Elle ressemble aux amies médisantes de sa désormais ex-future mariée. Elle ressemble à ces « blablateuses » sauvages et perverses qui ont toujours un mot négatif à offrir pour le mâle qui accompagne l'une d'entre elles. Elle ressemble aussi à ses bonnes collègues de travail qui lui envoyaient des textos ambigus dans le but de donner matière à sa biche fugueuse de crier à la louve, de préférence tard le soir, dans le noir et dans la salle de bains. Et la veille d'une réunion importante ou d'un gros contrat à passer.

Alors, Egon préfère regarder autour de lui plutôt que de mater cette serveuse de quatre sous, préférant ainsi fuir des yeux les motifs de fâcherie entre lui et sa libido hargneuse. Contrairement au public, qui ne décroche pas du regard.

Le décor du lieu est surtout publicitaire et brasseur. Il n'y a pas grand-chose à en dire. Pas de toiles de maître, pas de livres anciens, pas d'objets rares, pas de cuivre doré ni de lustre. Egon est assis dans une brasserie classique. Sauf peut-être dans le choix du propriétaire concernant le mobilier. Inconfortable, industriel et pratique dans l'idée. Mais seulement dans l'idée. C'est ce qui en fait un endroit branché. Egon se dit que ce mélange des styles est un brassage commun dans une brasserie. Il se dit cela en trouvant de lui-même sa phrase un peu conne.

Il n'est pas vraiment dans son élément dans ce bar à la mode. Le tout Nantes branché s'y retrouve pour des agapes intellectuelles. Pour des débauches de mots qui ne veulent rien dire. Qui se perdent dans des phrases enrubannées à la guimauve et qui sont saupoudrées de zestes d'intelligences édulcorées. Ceci pour dire que tout cela est à mille et une lieues de lui. Egon n'aime pas beaucoup les ambiances pseudo-avant-gardistes. Pas plus qu'il n'aime voir ces assemblées de cochons de lait d'élevages aux spermatozoïdes contrariés par les fines castrations de l'époque, disserter sur leurs nombrils.

Mais, des jeunes filles manuelles viennent en grappes fleuries et parfumées, déposer un érotisme à la Hamilton dans ces soirées. C'est pour lui, le seul intérêt à la chose. La justification. Les hommes d'âge mûr et bourgeois y sont rois. Ils se tiennent à l'écart en salivant dans leurs verres, ils regardent, les babines retroussées, ces nymphettes patauger dans la mare.

Egon avait assisté à plusieurs de ces soirées.

Et, il avait remarqué que de temps en temps, l'une de ces nymphettes disparaissait mystérieusement en étouffant un cri. Happée par on ne sait quoi. Mais comme tout le monde s'en moquait, il ne disait rien. Ces créatures étaient tellement différentes d'« elle ».

Pourtant, « elle » aimait ces soirées, et dans cet endroit précisément. Il l'accompagnait par amour, pour être avec elle et la regarder vivre. Pour ne pas la priver. Pour ne pas la contrarier. Il se souvient. Il aimait tant la voir évoluer au milieu des autres. L'entendre rire. Même l'entendre seulement.

Il se souvient et il pleure maintenant.

En cette soirée, il pleut du gris sur les vieilles pierres du quartier. Les chiens et les chats errants, comme les vendeurs de narcotiques à la sauvette, cherchent un abri. Les écoliers rentrent dans les maisonnées retrouver leurs écrans vénérés et les voitures défilent en un long ruban lumineux, bouchant successivement toutes les artères du cœur de la ville, sans pitié et jusqu'à l'infarctus.

La nuit prend le temps de manger la ville, toit par toit, cheminée par cheminée, couvreurs et goélands compris. Sur la tour de Bretagne, l'antenniste dresse sa tente, il est trop tard pour redescendre en rappel et le temps est vraiment pourri. Le vent et la pluie le mèneraient droit à l'accident de travail et il n'a pas de mutuelle. Hier encore il était chômeur et il n'a pas encore reçu son premier salaire.

Egon est venu dans cette brasserie parce qu'il a besoin de se retrouver dans le lieu où il l'a vue pour la dernière fois, elle et sa panoplie de nouvelle femme. Elle lui avait dit un soir de mousson et de brouillard :

« Elle », l'absente :
J'ai envie de vivre, de m'accomplir, d'être seule
et indépendante.
Même si je t'aime, je dois m'en aller, Egon !
Je ne dois plus t'aimer.
Je dois t'oublier pour m'épanouir !
Je dois te quitter, même si ça me fait mal et que tu me rends
folle !
Tu ne dis rien ?

Depuis, il ruminait ces phrases sorties de cette bouche que jusque-là, il croyait connaître par cœur, aphtes et caries compris. Il ruminait, il mastiquait, il mulotait, mais il n'arrivait pas à avaler.

Rien à faire !

Ces mots étaient un véritable caoutchouc américain de distributeur de quai de gare. Et l'omnivore a ses limites, même quand il ne végète à rien, comme notre héros malheureux à ce moment précis. Il allait encore verser une larme, quand soudainement, la publicité encadrée accrochée au mur s'anima. Il faut vous préciser qu'Egon a le don étrange de voir ce que personne ne peut voir. Comme les chiens voient les spectres et les vaches les trains fantômes. Ainsi, n'importe quel objet peut prendre vie devant ses yeux. Et communiquer avec lui. Et il ne choisit pas l'instant ou le lieu. Ce qui est parfois bien embarrassant pour lui, comme nous le verrons plus tard. En attendant, c'est un secret jalousement gardé. Même « elle » ne l'a jamais su.

Dans le cadre de la publicité accrochée au mur, un petit homme avec un air de comptable, portant un costume sombre et équipé de petites lunettes rondes, passe en premier plan devant les diablotins de la bière des démons, au bon malt breton. L'homme ouvre alors sa sacoche en cuir noir, en sort un papier bleu huissier et déclame d'une voix sentencieuse à l'intention d'Egon :

L'homme aux petites lunettes :
Vous êtes un poids, Monsieur De Housse.
Vous passerez à l'économat et rendrez votre uniforme d'homme qui aime une femme comme un con et vous toucherez votre solde de tout compte.
(Un temps.)
La solitude sera votre seule indemnité.
(Roulement de tambour.)

Nous mettons fin à notre infructueuse collaboration au motif principal que vous ne nous faites pas rêver.
(Un autre temps, plus long.)
Avec vous, nous ne jouissons plus, cher ami !
Vous ne ressemblez plus au prince charmant.
Votre cheval blanc est devenu gris et votre phallus n'est plus au centre de nos préoccupations.
Il est temps pour nous de partir à la recherche de ce que nous ne trouverons pas en dehors de nous-même.
Vous êtes encombrant et plus vous longez les murs en nous suivant et plus vous nous agacez et nous indisposez, cher ami.
Mais, nous sommes bons : un ex-petit ami pouvant devenir un grand ami, lorsque nous aurons de la peine, nous vous contacterons à nouveau, afin que vous nous consoliez de l'autre, de l'alpha mâle du moment, qui lui possédera le phallus qui nous préoccupe alors, mais qui très certainement nous fera souffrir comme des damnées.
(Son de trompette du vingt-deuxième de cavalerie légère de l'Alhambra.)
Adieu, Monsieur.

Le sinistre personnage repart comme il est venu. Et les diablotins de la publicité réapparaissent aussi soudainement qu'ils avaient cédé la place au petit homme. À la différence que maintenant, ils font semblant de pleurer, en se frottant les yeux.

Egon, s'exclamant :
Voilà, on presse le citron, on le sèche et on le jette !

Et il voulait comprendre, Egon, pourquoi il subissait cette condition de citron…

Alors, il restait là, dans ce bar, en compagnie de cette serveuse moche pour lui, puisque femelle, et avec en main, cette saloperie de tasse en aluminium brossé que la petite cuillère de porcelaine rouge faisait crisser affreusement. En plus, il était mal assis. Les poufs étaient trop bas, il avait les genoux au niveau des coudes. Pour ne pas dire autre chose…

Ne vous formalisez pas du peu de longueur de cette première scène, elle est suffisamment pénible pour Egon, et il n'est pas utile d'en rajouter. Comme on dit, dans la bonne ville de Saint-Malo : n'en jetez plus, la plage est pleine !

C'est une observation universelle, basée sur des calculs scientifiques avec nombres d'équations complexes et remarquables en leurs identités, qu'il serait trop long d'expliquer ici.

Enfin, ceci pour vous faire patienter et surtout finir de remplir le feuillet et ainsi rendre hommage à Honoré de Balzac, qui à son époque était payé à la page pleine. Tout comme Zola, qui lui d'ailleurs, avait en plus dans ses appartements une cheminée qui tirait très bien. Le prix de vente d'un livre se fait souvent au prorata du nombre de pages. Mon ami et éditeur me l'a expliqué en long, en large et en travers. Alors, pour honorer mon contrat, comme l'aurait fait monsieur de Balzac, ponctuellement, je vais en rajouter. Et sauter des lignes. Et multiplier les paragraphes. Avec mes excuses écologistes les plus plates.

Note de la direction :

Pour information, une collecte sera organisée à la fin de la représentation pour venir en aide aux auteurs qui n'ont plus l'eau courante ni l'électricité. L'énergie créatrice n'ayant que peu de rapports avec l'énergie des services publics, ils en ont cependant besoin. Donnez, braves gens, pour sauvegarder vos distractions. Donnez pour l'amour de l'art. Donnez pour donner. C'est, paraît-il, la seule façon d'aimer.

Acte 1
Scène 2, chapitre 2

Les personnages du second tableau :
- **Egon De Housse,** jeune homme dubitatif.
- **La serveuse,** dite Hiroshima mon amour.
- **Une petite cuillère,** de porcelaine rouge.
- **Woody Allen,** à poil sur un pouf.
- **Un sociétaire,** de la comédie française et acteur maudit.
- **Une blonde aux couleurs fauve,** pornographe de comptoir.
- **Sœur Anne,** taupe de service.
- **Un pied de table,** chavirant.
- **Une écharpe,** avec un jersey au point.
- **Haroun Tazieff,** sismologue.
- **Une vague,** scélérate.
- **Un love boat,** romantique.
- **Arletty,** dans l'atmosphère.
- **Géricault,** endetté chez Véolia.
- **Rodin,** libre penseur.
- **Aïda,** sur une radio portative.
- **Proust,** amateur de Petit Lu.

Même tableau que précédemment. Même ambiance. Egon est toujours assis dans sa position grotesque, sur son gros coussin informe et capitonné, qui reste un pouf dans toute sa splendeur, d'après le designer consulté par notre chef décorateur.

Même tableau, à ceci près qu'un drame terrible se prépare.

L'écharpe d'Egon a choisi de glisser au sol, plutôt que de continuer à entendre ses récriminations à la sauce pleureuse. Cette décision pourtant anodine aura des conséquences fâcheuses pour elle. En effet, un pied de table d'un métal mal défini tombera amoureux de son petit jersey en mailles rapprochées, serrées et charmantes, bref, de son jersey au point. Son coquin petit accent aux consonances anglaises, sa belle couleur et ses formes longilignes ont déboulonné le cœur du pied de table en moins de temps qu'il faut pour l'écrire. Mais leur histoire pourtant prometteuse sera courte. Et tournera au tragique : il sera piétiné et elle sera raccourcie.

Pour l'instant, Egon a soudainement froid au cou et il s'est fait mal au genou quand le pied de table a chaviré pour la belle Anglaise. Mais, par un réflexe prodigieux, il a évité le pire : il a sauvé son pétroléum de la chute au sol.

Derrière lui, quelques consommateurs viennent d'arriver. La brasserie se remplit un peu plus à la faveur de la nuit. Perdu dans ses songes, les yeux braqués vers l'horizon, il ne voit rien venir. À la différence de cette casse-bonbons de sœur Anne, toujours pendue à la fenêtre, qui cherchait le brin de paille dans l'œil du cheval arrivant au galop à travers la plaine plutôt que la poutre qui encombrait l'œil de sa myope de frangine. Mais passons.

Egon ne remarque rien de ce qui se trame autour de lui. Pas même la blonde aux couleurs fauves qui est assise au comptoir et qui sirote avec sensualité, un lait parfumé au gingembre. Tout en gardant un œil sur ce qui entre ses doigts experts ne ressemble plus à une paille et l'autre sur lui. Ses longues jambes gainées de nylon noir se croisent et se décroisent langoureusement, comme si son séant ne trouvait pas le confort et le repos. Sa généreuse poitrine, au décolleté échancré et bronzé, monte et descend sensuellement, quand la belle s'amuse à faire sourire les fossettes de ses reins en se cambrant comme seule une prédatrice sexuelle confirmée sait le faire.

C'est un spectacle assez bandant, il faut bien l'avouer, surtout pour un militaire en permission ou un notaire sortant de formation.

N'importe qui d'ailleurs, serait troublé par le jeu de reins de la féline. Mais, non ! Egon est bien décidé à ne rien voir ce soir. D'ailleurs, comment pourrait-il voir cette créature de bar de nuit, puisque son esprit se tourne encore dévotement vers « elle » ?

« Elle » l'absente en présence dans son cœur. Il essaye de trouver la conclusion à son histoire. Mais il ne trouve même pas de refrain. Pourtant, il essaye de s'appliquer à rédiger sa conclusion intime et philosophique sur l'amour et la femme. Pour s'avouer que finalement il ne l'a jamais comprise. L'ancienne « elle » comme la nouvelle « elle », avec ou sans sa panoplie féministe. Et que d'une façon plus générale, il s'avoue aussi qu'il ne sait pas grand-chose du féminin. Ce qui lui fait dire que :

Egon :
Dans ce monde de faux-semblant,
même les déguisements sont devenus suspects.

C'est donc ce qu'il se dit. Entre deux vagues de l'âme. Entre deux vagues scélérates qui s'acharnent sur la coque de son love boat romantique, en appliquant les théories de la physique quantique, mêlée au fameux rapport sismologique de 1974, d'Haroun Tazieff lui-même qui fut aussi un temps le gynécologue d'Alice Sapritch.

Egon a lu, ce matin, dans un article de presse paru récemment, qu'il apparaît « que la femme est un mystère, même pour Dieu ». Si on en croit la déclaration du Saint-Père qui jette des graines à la foule, à Rome, en chantant « que j'aime à voir passer les cons du haut de mon balcon », hymne du Vatican, avant, pendant et après les conciles à bulles. Et c'est bien ce qu'Egon, dans son réquisitoire général, souligne maintenant à l'attention de Dieu.

Oui, il en est là.

Il accuse Dieu d'avoir créé et multiplié la femme sans penser aux conséquences pour les hommes. D'avoir imaginé la pomme sans soupçonner que ces salopes en feraient plus tard de la compote et des tartes.

Pendant ce temps perdu sans viennoiserie et sans que Proust s'en mêle, Egon blasphème, maintenant.

Et quand l'homme blasphème, c'est qu'il ne croit plus en ce qu'on lui vend et que d'habitude il achetait les yeux fermés.

L'idée elle-même est annonciatrice de l'anarchie la plus sévère. Il dit :

Egon :
Voilà bien Dieu !
Il lance des idées en l'air,
il crée des besoins, il industrialise et il ne gère pas !
Dieu doit être un milliardaire américain républicain !

Et il continue, notre héros romantique, il se perd en marmonnage comme d'autres en marmottage, ou encore en ramonage…

Egon :
Elle et moi c'était pourtant bien.
On aurait pu vivre des millions d'années et toujours en été !

J'étais heureux avec elle.
Insouciant et beau comme la jeune fille qu'elle était alors.

Il se repasse la scène de leur rupture. Il se fait mal, le pauvre homme. Son cœur saigne. C'est le cas de le dire. Il marque une absence terrestre de quelques instants. On le voit, car il est porté par ses vêtements en cet instant précis et non l'inverse. Puis, il reprend toujours en mastiquant, mulotant et ainsi de suite :

Egon :
C'est dramatique, ces adieux qui se passent parfois
un peu trop bien.

Une larme perle à son œil. Il envisage d'en finir avec la vie. Ou de se retirer dans une caverne. Ou dans un tonneau. Ou dans tout autres endroits incongrus et aussi cons. Il veut en rajouter à son malheur. Mais, on l'importune soudainement :

Une petite cuillère de porcelaine rouge :
Comprendre que ta vie ne se résume pas à « *elle* », ce serait déjà
faire un grand pas pour toi et un petit pas pour l'humanité,
pauvre truffe !
Ce que tu peux être pénible avec ton spleen, petit d'homme !
Fais ta vie égoïstement comme tout le monde et arrête de
couiner !
Elle ne mouille plus pour toi ?
Et alors !
Ce n'est pas la seule au monde que je sache !
Il y en a plein d'autres, de morues !
Change de baril !

La petite cuillère de porcelaine rouge a lâché ces mots sans faire la moindre bulle dans le pétroléum. Elle a une voix nasillarde et un ton hargneux. Egon a la capacité extraordinaire de communiquer avec les objets, vous le savez. Il peut aussi sentir très mauvais des pieds soudainement, en cas d'agression, simplement en se concentrant sur l'image ectoplasmique de son gros orteil gauche. Nous y viendrons plus tard, quand l'occasion se présentera, et elle ne manquera pas de le faire, croyez-moi.

Egon, pourtant choqué par ces propos grossiers, répondit d'un ton las à la porcelaine :

Egon :
Qu'est-ce que tu en sais ?
Tu n'es qu'une petite cuillère en porcelaine !

La petite cuillère de porcelaine rouge bullant nerveusement dans le pétroléum répondit vulgairement, avec un je ne sais quoi d'Arletty dans le ton et dans *Hôtel du Nord* :

La petite cuillère :
Je lis dans le marc de café, connard !

Egon réfléchit un instant, interpellé par tant de haine. Il se demande pourquoi cet objet l'agresse soudainement. Alors qu'il ne lui a rien dit, et surtout rien demandé. Ce disant, agacé par l'importune, il se mit à la remuer très brutalement contre l'aluminium brossé de la tasse. En résultat de l'opération et pour toutes sommes : elle se tut, à demi noyée qu'elle fut, dans le mazout caféiné.

Les petites cuillères de porcelaine rouge, c'est bien connu, tout comme les poissons de la même couleur, ont besoin de remonter à la surface de temps en temps pour respirer. Celle-ci comme les autres. Au bout de quelques instants, Egon arrêta et conclut par ceci, car il n'avait pas envie de parler, mais seulement de penser à son histoire et de pleurer :

Egon *(à la petite cuillère)* **:**
Ta gueule maintenant !
En plus, tu as laissé tout le sucre au fond, connasse !

La petite cuillère :
Comme toi avec elle, gros con !

Notre homme, que je décrirais comme un con vexé submergé par une perplexité concave, la retira vivement de la tasse en aluminium brossé et marmonna :
Bon, ça suffit les conneries !

Puis il crie à la serveuse toujours assise dans la position lascive adoptée au premier tableau :
Mademoiselle !

Mais elle ne bronche pas. Il réitère, mais encore plus fort cette fois :
Hé, mademoiselle !

La serveuse à couettes ne bougeait toujours pas, assise sur son tabouret de bar, perdue dans la contemplation amoureuse de son reflet dans la glace. Elle n'entendait rien. Elle n'avait que de l'air entre les couettes. Comme en a un avion sans ailes dans une cabane à frites. Egon, perdant son sang-froid, hurle :
HIROSHIMA !
Allô ?

L'interpellée se retourne alors lentement. Elle se lève de son tabouret en soupirant et une fois le cul à la verticale, elle opte pour une posture droite, militaire et fasciste, l'œil noir et le sourcil épilé au carré. Toute fâchée qu'elle est que l'on perturbe son rien.

Maintenant, elle s'approche d'Egon d'un pas volontairement autoritaire et lent, le genou franc et la fesse dure. (Actions simultanées qui sont aussi possibles dans un autre ordre.) Arrivée à sa hauteur, elle articule nettement l'espace entre chaque syllabe des mots de sa phrase :

La serveuse :
C'est moi que vous appelez comme un malpoli, espèce de connard ?

Sa langue rose aux allures génitales claqua comme un fouet sur son palais au mot « connard ». Notre héros, du tac au schlag, la coupa dans son élan de dominatrice de comptoir par cette sévère réplique :

Egon :
Et qui veux-tu que ce soit que j'appelle ?
Tu es bien la serveuse ?
Oui ?
Alors, tu vas me chercher une autre petite cuillère,
parce que celle-ci est sale !
Bouge ton cul en cadence et arrête de glander, pétasse !
Allez, Hiroshima, calte !

Il est pris d'une colère grotesque. Il le constate. C'est surprenant, car d'habitude, Egon est un garçon poli, voire presque timide. Et respectueux des femmes. Devant la violence de son discours, la serveuse prit automatiquement un air niais. Comme à chaque fois qu'elle réfléchit d'ailleurs. Mais là, sous la violence de l'assaut, son Pikachu intime vira sushi périmé.

Hiroshima, nommons-la ainsi à partir d'ici et jusqu'au prochain baptême, recule d'un pas et baisse ses petites lunettes sur le bout de son nez. (Dans un autre ordre, actions simultanées qui sont aussi possibles.) Pendant ce temps, Egon la toise tout simplement. Ce qui a pour effet de la faire rougir comme une première communiante qui a la bouche pleine du corps du Christ et qui ne s'attendait pas à cet effet. La greluche de comptoir est totalement cueillie par notre jeune homme qui semblait pourtant si tendre et si délicat, comme ça, au premier abord. Jamais elle n'aurait imaginé que ce type aurait pu la faire frémir dans ses tréfonds intimes en la malmenant. Ni tromper son jugement. Elle se dit immédiatement qu'il lui plaît.

Elle tourne les talons, va derrière le comptoir, trifouille dans le lave-vaisselle et lui ramène une autre petite cuillère de porcelaine rouge, qu'elle pose délicatement sur la table. Puis, elle reste bêtement plantée à le regarder, fascinée comme si elle découvrait à quoi ressemblerait Woody Allen à poil sur un pouf. Ce qui, entre nous, est une scène dont la laideur resterait probablement dans les anales. Egon, satisfait, lui dit tout doucement, sans lever les yeux sur elle :

Merci mon petit.
Va jouer avec ton cerceau maintenant.

La serveuse, pensante (en aucun cas comparable avec le fameux Rodin) et médusée comme Géricault (1791-1824) quand il reçut sa facture d'eau, dit pour elle-même en tournant croupe et couettes :

Ne le contrarie pas, ma fille !

Il est fou, celui-ci !
J'en ai marre, je rencontre que des tarés !

Puis, portant la main droite à son ventre qui abrite maintenant quelques papillons taquins :

Mais il est mignon à croquer quand même...
Au lit, il doit faire mal... rhôlala !

Un couple de boutonneux, assis à la table voisine, arrivé juste après la blonde aux couleurs fauves qui est maintenant en train de s'étouffer avec la paille qu'elle a avalée par excès de conscience, le regarde comme une bête curieuse. Oubliant de se compter les boutons sur le pubis et sur le front, pour le coup et celui d'après. Egon leur adressa un sourire aimable.

Ils en eurent peur.

Il a pourtant trente-deux dents comme tout le monde. Mais, à la décharge du jeune couple, par peur du dentiste, Egon n'a pas fait enlever ses dents de sagesse et depuis, quelquefois, elles brisent l'élan de ses incisives. Ceci explique peut-être pourquoi certains de ses sourires sont fermés.

Dieu, interpellé plus tôt, s'étirant sur son nuage :
Ce qu'ils peuvent être cons ces humains !

C'est ce que Dieu dit à ses saints en contemplant la scène. Là-haut, l'histoire qui se déroule et que je vous raconte passionne les foules. Il faut dire aussi qu'on s'emmerde un peu au paradis.

Moins haut, et donc plus bas, sur le toit, le vent disperse les plumes d'un goéland dévoré par la nuit. Ce sera la seule victime d'ailleurs. Les pigeons volant trop bas.

L'antenniste fait cuire son rata sur son réchaud en écoutant Aïda sur sa radio portative. Il se promet que demain, il retournera à son agence Pôle emploi et tuera son conseiller. Heureusement, il a toujours un réchaud dans son sac à dos et un tupperware que lui donne sa maman au cas où.

Le pétroléum finit de refroidir dans la tasse. La nouvelle petite cuillère rouge est plus sympathique que la précédente. Elle se contente de ne rien dire, ce qui est bien quand on n'a pas la tête à entendre quoi que ce soit venant de n'importe qui. Elle fait remonter le sucre du fond de la tasse sans rechigner. Mais maintenant, ce sont les larmes qui montent aux yeux d'Egon. Au final, il n'est pas plus avancé dans ses réflexions. « Elle » est, la belle, bel et bien partie. Et changer de cuillère de porcelaine pour une autre n'arrange rien à l'affaire.

Egon, maugréant aux vents mauvais :
Une nouvelle femme…
Une nouvelle vie…
L'indépendance…

Il persiste à ruminer sa mauvaise herbe caoutchouteuse. Pourtant, il n'y a plus grand-chose à brouter dans son pré. Mais, rien n'y fait, il continue :

Mais pour jouer de l'indépendance,
il ne faut pas créer de dépendance, bougre de conne !

Maugréa encore Egon. Une rage soudaine éclata entre deux sanglots et la petite cuillère rouge alla se briser sur le sol en béton ciré, jetée là comme le dernier des ustensiles de cuisine, dans l'injustice la plus totale par le malheureux Egon. Mais elle ne se brisa pas en deux, non ! Il fallut qu'elle éclate en mille petits morceaux comme pour enfoncer davantage le clou. Ce qui fut un coup de marteau supplémentaire pour Egon qui compara immédiatement l'image de cette porcelaine brisée en mille morceaux à son âme de mâle au plus mal. Il se dit alors que sa vie est devenue la passagère involontaire d'un manège qui ruine sans ménagement tout espoir d'être heureux en ménage.

Hiroshima bondit de sa place et enleva à l'aide du ramasse-poussière les débris épars de la petite cuillère de porcelaine rouge.
Sans mot dire.
Partant toujours du principe qu'il ne faut jamais contrarier les fous et les mecs bourrés. Elle le fit si vite que c'en fut presque désobligeant pour l'image du drame elle-même.
Pourtant, de sa position basse, elle prenait le temps de lorgner l'entre-jambes d'Egon en se demandant s'il était effectivement équipé du matériel standard pour lui faire mal.
Ce dernier, conscient de son petit jeu de voyeuse, la saisit par le bras et la regarda droit dans les yeux, l'air mauvais. Il sentit frémir la jeune femme sous son étreinte virile. Il aima cette sensation.
Ce qui l'encouragea :

Egon, le trait psychopathe :
Je te fais peur, Hiroshima ?

Hiroshima, tremblante, mais par pour la raison qu'Egon imagine :
Je vous offre votre café ?
(plus bas)
On pourrait se voir plus tard peut-être ?
Quand vous irez mieux…

Soudain, une voix grave et posée, celle de monsieur Giacomo de Maison-Neuve, sociétaire de la comédie française, acteur maudit et donc génial, se fit entendre. Il souffla la réplique à Egon De Housse.

Giacomo :
Votre folie raisonne à tort !
Et à corps perdu !
Comme votre colère.
Ce qui veut dire que vous l'exercez sans raison.
(Il se lève et se dirige vers lui.)
Elle a raison de vous croire fou, notre Japoniaise de service !
Tenez, je me suis assis en face de vous
et je vous regarde fixement depuis 10 minutes
et vous ne m'avez même pas vu !
Je suis pourtant connu en plus d'être remarquable !
C'est vous dire !

Coup de tonnerre théâtral et retentissant, à faire avaler un paratonnerre à Zeus, et hurlement de coyote. Ce n'est pas tous les jours que le théâtre reçoit sur sa scène un personnage aussi important et connu que Giacomo qui fut, en d'autres temps, l'un des plus fantastiques Casanova de l'histoire du rôle.

Voilà, maintenant, nous allons entrer dans le vif du sujet et passer à la troisième scène de l'acte 1, c'est-à-dire le chapitre 3 de la première partie pour les lecteurs.

Acte 1
Scène 3, chapitre 3

Les personnages dans l'ignorance complète et philosophique de l'être :
- **Egon De Housse,** jeune homme étonné.
- **La serveuse,** dite Hiroshima.
- **Giacomo de Maison-Neuve,** sociétaire de la comédie française.
- **Jules Verne.** Dans un bordel.
- **Tintin,** en fin de phrase.
- **Sacha Guitry,** visionnaire.
- **Alexandre Dumas fils,** fier de son père.
- **Roxane,** chieuse du suivant.
- **Cyrano,** Hercule, Savinien de Bergerac, suivant.
- **Pinocchio,** dit « bite en face ».
- **La fée,** coupable.
- **Rantanplan.**
- **Crébillon, fils,** sans le père.
- **La petite cuillère,** de porcelaine rouge.
- **Des jonques,** dans le coucher de soleil.
- **Herbert Léonard,** avec Julien.
- **Dumas père,** sans le fils.
- **Guitry,** épuré.
- **Un éléphant,** trompeur.
- **Leonardo Di Caprio,** à la porte.
- **Le capitaine,** des cadets de Gascogne.
- **Une,** qu'on aurait appelée vilaine.
- **Un tamagochi,** moisi.
- **Un animal,** pris au collet.
- **La robe mauve,** de Valentine.
- **Un sex-shop,** agricole.

Note de la direction :
L'avant-dernière scène du premier acte renoue avec les codes du théâtre. Dans les premières scènes, l'auteur, comme le metteur en scène, soucieux de ne pas vous induire en erreur sur les propos de chaque protagoniste de l'histoire, ont pris le soin d'indiquer en caractère gras, le propriétaire des mots qui suivent la ligne grasse d'entrée de dialogue.

Ici et en plus, pour vous permettre de mieux comprendre le jeu des acteurs, des indications techniques sur les attitudes des comédiens vous accompagneront dans votre lecture de ces mêmes lignes grasses.

Cette option est de série et n'entraîne pas de supplément. Si vous souhaitez la désactiver, il vous suffit de sauter la ligne du regard.

Note du comité de censure :
Certains dialogues s'inscrivent dans un registre ne convenant pas à des personnes de moins de 18 ans. Les propos tenus par les protagonistes de l'histoire sont extrêmement déplacés.

Note de l'éditeur :
Par contrat, l'auteur est le seul responsable s'il y a des plaintes. Je m'engage à fournir son adresse privée sur simple demande ainsi que son état civil complet.

Le rideau se lève sur le décor de la brasserie, les deux personnages sont dans la même attitude que précédemment, assis à une table au centre de la scène. C'est encore la même chanson qui passe dans les haut-parleurs, et pourtant, chaque soir avec les mêmes mots, nos cœurs chantent un couplet nouveau.

Hiroshima est avec eux, debout devant cette table. Ce qui permet aux affreux mateurs du public de profiter de la vue coquine des longues jambes et la croupe rebondie de l'actrice. Ce metteur en scène est décidément un maniaque. Mais reprenons, là où le sociétaire de la comédie française intervient, et donnons là, la première impression d'Egon à son sujet :

La voix était belle, noble et forte. Une voix de ténor. Une voix de maître à parler, celle d'un As du verbe. Certainement pas un orateur socialiste, pensa Egon en son for intérieur (édifié selon les plans de Vauban, architecte militaire et ingénieur français de Louis XIV).

L'homme sexagénaire, grand, beau, le visage princier, les cheveux grisonnant dans le blanc, s'assoit d'autorité sur le pouf en face de celui qu'occupe Egon. Giacomo, autoritaire, s'adressant à Hiroshima :

Toi, jeune incongrue !
Quand tu auras fini ton petit ménage, ramène-nous donc deux pétroléums !
Et pas trop mazouteux, sinon je me fâche !
Puis tendrement, en s'approchant d'Egon, tous près de son oreille, comme pour faire une confidence de père à enfant :
Vous ne comprenez rien à rien, petit d'homme !
Vous souffrez dans l'inutile !
Vous progressez comme un funambule aux pieds ampoulés qui souffre le martyre sur son fil !

Se tournant à nouveau vers Hiroshima (toujours plantée devant eux sans bien savoir pourquoi, choquée, titillée par ses sens, dégoûtée et attirée à la fois), Giacomo dit en mettant du miel de fleur d'ironie dans sa voix :
Allez, mon petit, allez !
Les cafés…

Joignant le geste à la parole, il tapote dans ses mains comme un maître d'hôtel le fait à l'attention du petit personnel. Hiroshima part les couettes basses et très troublée. Sa démarche la trahit. Elle serre les fesses et rentre les genoux et les pieds en dedans. Ce n'est pas très élégant, mais c'est ainsi.

À moins que ce ne soit un problème de vessie. Et si tel est le cas, cela ne nous regarde pas. Egon, intéressé et un peu intimidé par le personnage qui vient de s'asseoir à sa table sans lui en demander la permission, hasarde timidement :
Qui êtes-vous, Monsieur ?

Giacomo, fièrement :
Ah, il est vrai que je ne me suis pas encore présenté !
Giacomo de Maison-Neuve, sociétaire de la comédie française, acteur maudit, et nantais de cœur depuis ma rencontre avec
Jules Vernes.
Pour vous servir, jeune disciple !

Ce faisant, ce curieux personnage se lève et fait une révérence des plus élégantes. L'homme est de haute stature. Il est très bien habillé. Il porte un costume sombre en tissu épais et mordoré, une montre à gousset est accrochée à la poche de son gilet, il est chaussé de bottines de ville et il tient à la main un Borsalino en feutre noir. Le moins qu'on puisse dire, c'est qu'il cale de la flotte.

Le sociétaire ressemble d'ailleurs fortement à maître Delon lui-même, le seigneur des seigneurs et le grand parmi les grands.

Egon, dubitatif :
Je suis enchanté de faire votre connaissance, mais pour votre information, Jules Vernes est mort en 1903, je crois…
Ce qui veut dire que votre père était encore dans les ballons de votre grand-père et certainement pour beaucoup plus que cinq semaines lorsqu'on enterra en grande pompe ce vagabond de la lune.
Cela étant dit, vous faites peut-être moins que votre âge…

Évasif du geste et ignorant la remarque graveleuse d'Egon, le sociétaire de la comédie française poursuivit d'une voix enjouée :

Giacomo :
C'était il y a longtemps !
Dans un temps où ma vie n'était que romance et aventures !
Je connus Jules Vernes à la suite d'un duel avec un godelureau, dans un bordel du quai de la fosse.
Ici même.
Dans votre bonne ville de Nantes.
Dans ce tripot, on fumait l'opium en se vautrant dans le stupre et sur des coussins de soie de Chine finement brodés.
On voyait alors passer les jonques dans le coucher de soleil et les jeunes filles se mettent à genoux devant les pagodes en attendant le retour des maîtres…
Les fumées âcres pénétraient tout autant les esprits
que les murs.
Jules, d'ailleurs, quand je l'ai rencontré lutinait l'entrecuisse d'une belle rousse aux avantages généreux et…
S'interrompant.
Puis reprenant.
(De fait.)
Mais c'est une autre histoire…

Je pourrais parler aussi de Sacha Guitry et d'Alexandre Dumas fils...
De Crébillon...
Du divin marquis...
D'Herbert Léonard et de Julien Lepers...
De tous ces hommes qui ont si bien parlé des femmes !
Mais qu'y comprendriez-vous, jeune nèfle !
Marquant un autre temps et observant Egon d'un air sévère.
Puis reprenant :
Cela fait un moment que je vous écoute patiemment et je ne vous entends que souffrir dans le médiocre !
Sans jamais citer un seul de nos maîtres à penser !
Un de ceux pour qui les femmes n'ont pas de secrets !
Vous croyez donc votre pensée universelle ?
Vous ne savez pas que l'intelligence est comme la vigne, qu'elle a besoin de lumière et de tuteurs pour s'épanouir ?

Cette réflexion ne plaisait évidemment pas à Egon. Mais, si un silence se fit de nouveau, ce dernier dû reconnaître que cet homme de belle stature, cet homme charismatique, cet homme qui ne lui semblait pas être commun, avait certainement une bonne raison pour entamer la conversation avec lui. C'est donc la curiosité qui l'emporta sur la remontrance. Egon, s'improvisant fin bretteur, reprit la parole subtilement *:*

Mais poursuivez, je vous en prie.
C'est intéressant...
Je résonne à tort et je souffre dans le médiocre, donc...

Giacomo, mimant d'un doigt épais (mais manucuré) une larme coulant sur sa joue :
C'est qu'en vous écoutant, je n'ai pu retenir une larme.

Pour un peu vous m'auriez fait pleurer,
sur les fleurs fanées de mes jeunes années,
maculant ainsi et à jamais,
mon mouchoir en tissus de parme.
Car sachez-le, chacun de vos émois,
me touchent, Monsieur le cœur en bouche !
Et qu'à la fin de vos envois,
malgré moi, je me mouche !

Egon, amusé :
Vous faites votre Cyrano ou bien votre Pinocchio,
pour vous border de tant de références,
Monsieur le sociétaire ?

Giacomo, sérieux et concerné :
En prononçant ces illustres noms, vous touchez au sacré !
Et vous n'en êtes ni digne, ni suffisamment informé !
Vous touchez de vos doigts d'hérétique les désirs enfouis !
L'inavouable !
Je m'explique : Cyrano a rêvé de l'amour et il ne l'a pas connu.
Point de cons venus pour lui.
Seulement des déconvenues !
Vous ne lisez donc pas entre les lignes, jeune déconfit ?
Peut-être n'êtes-vous que cinéphile ?
Ce qui expliquerait votre incompréhension de l'œuvre et que
vous en perdiez en pensée, le fil !
Pourtant, Cyrano était une victime de lui-même, comme vous-
même semblez l'être aujourd'hui !
D'ailleurs, si la remarque m'est permise, c'est vous-même qui y
fîtes référence à ce bon Cyrano.
Ce qui couplé avec l'avantageux attribut dont est aussi doté
Pinocchio,

puisque lui aussi vous l'avez mentionné, nous ramène au sujet principal qui est le désir de l'homme pour la femme.
Sinon, à quoi les attributs mâles susnommés pourraient-ils bien servir ici ?
D'oriflammes ?
Apprenez Monsieur, que nez de Cyrano est une métaphore !
Il n'est ce nez, que sémaphore !
Il sert à mieux communiquer depuis la côte,
avec les mers houleuses où naviguent les femelles de l'espèce.
Il représente l'érection et le désir sur pièce
d'un homme pour une femme.
Et dans la pièce, cette femme ne veut pas de lui et le pousse à la faute.
Ce nez souligne-t-il un amour empreint de désir physique qui se voit comme lui-même au milieu de la figure ?
Dans la tradition la plus pure ?
Ou plutôt, le rapport entre la femme et sa plus noble conquête, qui n'est autre que l'homme ?
Que l'homme soit pourvu ou non d'un hanap facial, fût-il hors norme !
Quoi qu'il en soit, et de ce qu'on en sait et en voit, c'est bille en tête que notre Cyrano se prend la poutre !
Et pas que dans l'œil !
Tout comme Pinocchio, pourtant avec de moindres maux, n'a pas non plus réussi à préserver sa pureté !

Egon, hargneux :
Je ne vous ai pas attendu pour comprendre que Cyrano n'eut que des déconvenues par la faute femmes et en particulier par celle de Roxane !
Cette greluche de Roxanne à la peau lisse trimballe un spleen terrible tout au long de la pièce !

Jamais je n'ai lu ni vu telle chieuse.
Et croyez-moi, cher Monsieur, j'en ai connu des chieuses !
Ah, la Roxanne pouvait bien se permettre d'avoir de l'assurance et d'être jolie !
D'être connue, comme notre sombre héros disait, comme « la plus belle qui soit » !
Ce n'est pas du luxe quand on est aussi chiante !
Et la fée du conte de Pinocchio, celle qui ne fait que persécuter la pauvre et mâle petite marionnette qui n'est pourtant pas de bois ?
S'il n'y avait que moi, je la collerais au gnouf !
Pour détournement de mineur, cette pouffe !
Et on ose encore servir cette histoire aux petits garçons !
C'est une honte !
C'est comme pour le petit chaperon rouge, combien d'hommes traumatisés par l'histoire finissent par échouer la nuit dans des bois comme ceux de Boulogne ?
Vous croyez donc que je suis dupe ?
Que vous m'apprenez quelque chose ?

Giacomo, ravi :
Nous sommes d'accord pour Roxanne !
Christian par-ci, Christian par-là, Christian par-mi, mais Cyrano Savinien Hercule de Bergerac, tintin !
Pour emprunter le mot à Brasseur quand il jouait de l'éléphant trompeur : toutes des hyènes !
Mais son personnage, faux compatissant du pauvre moustachu cocu de Rochefort, bien que garagiste virile et non coiffeur pour dames, s'en foutait bien en réalité !
Il était homosexuel, le lâche !
Et par le fait, peu concerné par les déboires d'un mari trompé !

Egon :
Il est vrai que Claude brassait beaucoup dans ce film, certes.
D'autant que le rôle ne lui allait pas.
Mais, là encore, l'histoire est instructive sur les rapports pervers qui animent les deux membres de notre espèce !
Les femmes s'y déchaînent et piétinent la vie de ces quatre pauvres marionnettes.
On y voit clairement que l'homme a toujours un coup de retard sur la femme.

Giacomo, évasif :
Allez savoir, ce que cache l'acteur embusqué derrière son rôle !
Notre homme était peut-être un trompettiste de nature !
Tout comme le réalisateur qui aimait à crier : « Vive les roberts ! »
Et qui les faisaient tourner !
Savez-vous que ce bienheureux aimait en secret, se draper dans la robe mauve de Valentine dès que la Sagan tournait le dos ?
Quant à Brasseur, la rumeur dit que ce pauvre Don Giovanni se réfugiait dès qu'il le pouvait sous les jupes du commandeur !
D'ailleurs aux dernières nouvelles, à la fin, ça n'allait pas très bien pour lui : il vivait dans une caravane sur un camping du bassin d'Arcachon.
Giacomo boit une lampée de pétroléum en prenant soin de maintenir élégamment la soucoupe sous la tasse. Il réfléchit puis dit :
Mais nous nous dispersons !
Là où je voulais en venir avec Roxanne, c'est que nous les hommes, il nous arrive d'aimer des femmes laides et pauvres !
Des femmes qui errent comme des âmes en peine !
Qui cherchent de l'eau et pour qui nous devenons fontaine !

Alors que la Roxane !
Vous avouerez…
Elle ne ferre que la noblesse cette greluche !
Elle ne veut et à sa guise, que du duc, du chevalier,
du mousquetaire et du baron…
Et elle veut la beauté plus que tout !
Beauté dans laquelle elle voudrait voir de l'esprit, qui plus est,
cette Hypocrite libidineuse !

Egon :
Oui, je vois, vous parlez de ces femmes que le capitaine des
cadets de Gascogne aurait appelées vilaines !
L'allusion est osée.
Et par la suite, vous laissez entendre par là que Roxanne est
intéressée !

Giacomo :
Exactement.
Mais Rostand a raison, c'est générique et fort commun : nous
leur offrons des fleurs, des douceurs, des pensées plus que délicates que nous mettons en mots audibles, des intentions tout
aussi pures que la compassion d'un ecclésiastique…
Nous soupirons pour elle, le jour et la nuit, et d'ailleurs ne dit-on pas d'un homme épris d'une femme, qu'il est un
soupirant ?
Mais elles s'en foutent !
Sur le long terme comme sur le court !
Une fois l'animal pris au collet, s'il est pour elles digne d'intérêt, il peut bien faire et dire ce qu'il veut, elles redeviennent
imperméables à ses sentiments.
Il n'y a que leurs plaisirs qui comptent.
Et leurs bons grés.

Egon, complétant :
Tout en accusant l'animal de ne plus en avoir pour elle.
Et c'est là généralement que très rapidement elles passent au suivant alors que le précédent reste nu et sans tendresse dans la serviette éponge qui lui sert de pagne.
Et ces mercenaires sans cœur disent en riant : au suivant !

Giacomo :
Ou bien elle le conserve, mais dans ce cas,
elles domestiquent le pauvre homme.
Parce qu'elles n'aiment pas que l'on marche sur un autre chemin qu'elle.
C'est-à-dire celui qu'elles ont choisi et balisé pour nous et dont elles couvrent les bords d'orties, de ronces et de mines afin que nous restions dessus !

Egon,
sombre comme un jour sans vin :
Il arrive aussi que nous pleurions d'amour, étouffant dans nos soupirs d'impuissance…
Et que par là, nous noyions le chemin et qu'il devienne impraticable, même pour elles.

Giacomo :
Oui, mais DiCaprio nous l'a appris, lors de ce dramatique naufrage : ces salopes se débrouillent toujours pour flotter mieux que nous.
C'est le diable qui les portes !
Un temps.
Il finit son café et claque des doigts pour appeler Hiroshima. Puis, poursuit son discours avec méthode et sans cartes :
Les hommes comme vous et moi, sont d'honnêtes sentimentaux,

et pas seulement parce que le sujet de nos préoccupations a une croupe divine et une poitrine de déesse de l'Antiquité !
Pas seulement parce que la créature convoitée possède un mètre vingt de jambe, chausse du 37 et sent le cul à plein nez.
Il y a d'autres raisons à l'existence du sentiment.
Le sexe et la cuisine, la couture et la tendresse, l'obéissance et l'abnégation font parfois plus pour le sentiment que le physique irréprochable et totalement parfait d'une de ces bêtes à podium chapeautées par de vieilles rombières télévisuelles !
À Hiroshima qui vient d'arriver à leur table :
Mais ceci, elles ne le comprennent pas...
N'est-ce pas, Hiroshima mon amour ?
Dit-il en prenant délicatement la main de la serveuse qui ramenait les cafés qu'il avait commandés quelques instants plus tôt.

Hiroshima, surprise et gênée :
Quoi ?

Gênée de la main et du reste, elle se dégage vivement et décharge rapidement les tasses de son plateau, rouge sous le rouge du maquillage abusif de ses joues. Giacomo lui parle pourtant, le ton paternel et bienveillant comme les messieurs avec de grands manteaux dans les squares, qui ont des sucreries dans les poches pour les petites filles :

Je disais qu'il n'y avait pas que ton cul et tes nichons qui feraient que je pourrais envisager de t'aimer.
Que tes compétences au plumard ou devant la gazinière ne seraient pas primordiales.
Je dis que ta personne tout entière compterait pour moi.

Hiroshima, choquée :
Mais, allô quoi !
Y s'prend pour qui c'ui la !
Les vieux, j'fais pas !
Ils puent !
Pis y bandent mou !
J'suis pas mère Teresa, vas-y !
Gobe un viagra et va aux putes, pépère !
Et lâche-moi la couette espèce de pervers !
Aux deux, les mains sur les hanches et le ventre en avant.
J'suis pas vot' souf-douleur !
Allez donc picoler ailleurs !
Tarés !
Barrez-vous ou j'appelle les flics !

Giacomo, amusé :
Disons plutôt un souffre-douceur, jeune Nipponne délurée !
Mais je ne te demande pas de comprendre le jeu de mots, manifestement, c'est hors de portée pour toi.
Quant aux flics, fais donc attention que ce ne soit pas toi qu'ils embarquent pour outrages aux bonnes mœurs et racolage au comptoir.
À s'habiller comme une catin, on attire le libertin, vilaine fille !
Se fixant à nouveau sur Egon, le sociétaire poursuit sur un ton pédagogique :
Vous voyez disciple, elles ne comprennent pas !
Elles sont fermées à un cœur qui bat pour elle !
Ignorantes de nos âmes !

La serveuse reste plantée debout, les bras ballants, devant les deux hommes. Elle a du brouillard entre les couettes. Elle attend qu'ils se lèvent, payent et partent. Comme ils n'en font rien, elle dit sèchement :

C'est 12 caillasses pour les cafés !

Mais ils ne bougent pas. Les deux la regardent, amusés. Elle se demande si l'histoire ne risque pas de mal tourner.

Il est évident que notre jeune premier apprécie de plus en plus le personnage qui l'a rejoint à sa table. Une complicité s'installe entre eux. Egon se prend au jeu. À une autre table, un petit homme rond et jovial, à l'air débonnaire, le sourire aux lèvres, ne perd pas une miette de la conversation.

Egon :
Vous avez raison, il n'y a rien à faire !
Elles ne comprennent pas...
Et celle-là est pire que les autres !
Que ce soit pour rester ou pour partir,
c'est le néant total entre les couettes !
À la serveuse :
Hiroshima, nous restons ici, car nonobstant ton service
déplorable,
nous y sommes bien.
Il pleut dehors et nous avons commandé deux pétroléums
et nous allons les boire en prenant notre temps.
Allez, navrante créature, déblayée !

Hiroshima, au bord des larmes sans pour autant oser mettre la paupière dans l'eau, rétorque :
J'suis pas navrante, putain !
Qu'est-ce qui me bave, lui ?
Elle serre les bras contre son corps, fermée comme une petite fille qui se défend d'une accusation, mais qui sait que la main aveugle de la justice s'abattra sur son postérieur. Elle poursuit, grinçante :

Ce n'est pas la peine de m'insulter ou d'essayer de me faire peur !
Je vous demande de sortir, vous sortez, c'est tout !
Ses mains se posent sur ses hanches pour l'explication et elle envoie maintenant des coups de menton pour ponctuer ses affirmations comme les majorettes envoient le bâton :
Vous vous prenez pour qui, les connards !?
Je préfèrerais crever que de m'faire prendre la chatte par vous !
Elle recroise les bras et prend une bouille chiffonnée. Elle dit :
Plein de mecs me laissent leurs 06 sur les sous-bocks, quand je débarrasse les tables !
Je plais, moi !
Ils kiffent grave !
J'suis hyper sexy !
Elle balade ses deux mains le long de son corps en ondulant des hanches. Puis, agressive et moqueuse à la fois, ce qui pour elle est un exploit, elle qui n'arrive pas à faire deux choses en même temps, elle argue :
C'est pas comme vous avec les meufs !
Vous vous êtes vus ?
Faites pas de selfie, votre opérateur va vous virer !
Avec vos tronches, j'suis certaine que vous niquez qu'à Noël et que vous vous faites sucer sur les quais le samedi soir !

Ce disant, elle mime d'une main polissonne, une pognade en règle et déforme sa joue avec la pointe de sa langue, dans il faut bien le reconnaître, un exercice d'une vulgarité rare.

Egon, atterré :
Des numéros de téléphone sur des sous-verre, quelle misère !
Pourquoi pas sur du papier cul ?

Giacomo, rieur :
Quand elle débarrasse, en plus !
Visez la ménagère !
Remarquez, elle qui a les idées si près du plancher, ça lui va bien de débarrasser !
Dieu qu'elle est con !

Egon, vif :
Et elle est vulgaire !
Mais vulgaire !
En plus d'être con et mal habillée !
Il faut quand même avoir très faim pour grimper sur ce Tamagoshi
à la sauce manga de sex-shop agricole !
Allez, c'est bon, ça suffit, elle me pollue le paysage la coconne !
Il se lève et tend un poing menaçant vers elle en disant :
Dégagez de ma vue, sushi mal ficelé, ou je te tape !

Hiroshima part à reculons, les yeux embués de larmes, les paupières pataugeant maintenant dans l'eau de sel et le maquillage en plaque. Elle secoue la tête lentement, ce qui avec des couettes est vite ridicule, vous en conviendrez aisément.

Mais pardonnons-lui ses écarts de style et sa déplorable gestuelle féminine, car elle est choquée et apeurée par les deux hommes.

Elle est seule à travailler dans ce bar, et même si elle est abonnée à *Marie-Claire* et qu'elle fume un petit joint de temps en temps, pourtant, elle mesure toute la difficulté d'être une femme libérée née dans les années quatre-vingt sous couvert de l'autorité et du charme d'une mère galonnée jusqu'aux porte-jarretelles.

Sans parler du fait que son géniteur n'a pas aimé sa mère plus loin que l'aurore !

La pauvre.

Hiroshima a l'habitude d'être flattée par les hommes. D'être désirée et courtisée de toutes les façons possibles. Certains soirs, quand le bar ferme, ils sont plusieurs à faire les cent pas dehors. Ils l'attendent patiemment dans la nuit, le froid et l'éclairage public, pour pouvoir la raccompagner chez elle. Et quand elle ne distribue pas ses faveurs sexuelles, quand elle n'a pas envie de compagnie dans son lit de princesse, la groupie imagine en se caressant dans ses draps roses, des hommes, des tas d'hommes, qui se masturbent à pleines mains dans la cage d'escalier, sur le palier et devant la porte de son appartement, en criant son prénom.

Elle aimait jusque-là jouir de la position de femme dominante, de serveuse d'un bar où les âmes masculines et solitaires s'égarent sous ses jupes courtes, plongent dans ses décolletés vertigineux et se noient dans l'excitation humide de son sexe supposé cyclopéen. Là où s'engloutissent les salaires de pauvres bougres. Cyclope que la plupart n'auront jamais le loisir de regarder dans l'œil.

Elle est reine, ils sont esclaves.

Elle aime exciter le mâle.

Même si l'homme qu'elle se plaît à séduire n'a aucune chance d'obtenir ses faveurs.

Peu lui importe, ils ne sont que des marionnettes.

En attendant, ils consommeront un autre liquide que le sien et rempliront le tiroir-caisse.

Son patron sera content.

Elle y gagnera des avantages.

Bref, Hiroshima mon amour est une salope classique.

Mais là, elle est perdue. Elle peut aller se rhabiller. Et avec les deux en plus ! Ils ne sont pas gays, elle sent ces choses-là. Alors pourquoi n'a-t-elle aucun pouvoir sur eux ?

Quant à la police, elle a bien essayé de les faire venir, mais elle tombe sur un répondeur. Il faut dire que ce soir, il y a un match de football important au stade. Les canaris sont de sorties et les supporters aussi. Nantes est déserte. Les autres bars de la rue sont fermés. Elle ne connaît personne susceptible de l'aider et elle se sent seule. Pauvre fille, pour un peu, on aurait pitié d'elle…

Acte 1
Scène 4, chapitre 4

Les personnages, toujours dans l'ignorance complète et philosophique de l'être :
- **Egon De Housse,** disciple.
- **La serveuse,** dite Hiroshima mon amour.
- **Les petites cuillères,** de porcelaine rouge.
- **Giacomo de Maison-Neuve,** sociétaire de la comédie française.
- **Des canaris,** en jaune.
- **Mac Arthur,** Douglas.
- **Une jeune femme,** minette minaudante.
- **Rantanplan,** de service.
- **Sigourney Weaver,** chez Casimir.
- **Karl Lagerfeld,** cintré.
- **Picasso,** à Avignon.
- **Elsa,** avec Aragon.
- **Jane,** avec Serge.
- **Lady Gaga,** à la boucherie.
- **Loana,** dans une piscine.
- **Madonna,** dans une église.
- **Une belette,** fugueuse.

Même tableau que le précédent. Egon et Giacomo boivent leurs pétroléums sagement. C'est une musique expérimentale à l'extrême qui passe maintenant dans les haut-parleurs. Le rideau s'ouvre sur Hiroshima qui, téléphone en main derrière le comptoir, laisse un énième message sur le répondeur du commissariat du quartier. Elle raccroche et se tord nerveusement les mains en se mordant les lèvres, tout en fixant le public ému.

Elle a bien tenté quelque chose contre les deux drôles, pour les faire fuir, mais non seulement ça ne fonctionne pas, mais en plus cela ne produit pas l'effet escompté. La brasserie s'est vidée sur le coup et eux sont restés. Elle cesse donc. C'est vrai que les sons produits par ces musiciens qui ne veulent pas l'être sont insupportables. Les deux hommes ont vite compris que la gêne était provoquée pour eux. Egon et Giacomo restent donc assis, hermétiques aux actions d'Hiroshima.

Elle hésite encore à recourir à la force. Son patron cache un fusil sous le comptoir, mais elle ne sait pas s'en servir. Elle réfléchit. En même temps, il n'y a pas grand monde et elle doit tenir son chiffre. Si elle se place en dessous, ce sera un désaveu. Cela prouvera qu'elle ne maîtrise pas sa salle. Et donc, qu'elle n'est pas bonne dans son métier.

Et puis, la bagarre dans un bar, ce n'est jamais bon pour l'image de l'établissement. Elle décide alors de tenir bon. De subir sans plier.

Egon et Giacomo savourent le fait d'avoir collé le tracsir à Hiroshima. Mais, ni l'un ni l'autre ne sont des hooligans. Le fait que le jazz soit revenu dans les haut-parleurs leur suffit. D'ailleurs, pour eux, Hiroshima n'est qu'un témoin inattentif de leur dialogue. Une démonstration par l'exemple. Elle ne risque rien. D'ailleurs, sans le dire, Giacomo n'est pas insensible aux charmes de la manga, puisqu'à l'instant même, le bougre se demande si Hiroshima, au lit, est une crieuse ou non. Il se demande aussi si le général Mac Arthur, lorsqu'il administrait le Japon en 1946, aurait entrepris cette Japoniaise ou pas. Il a toujours eu de l'admiration pour les chefs de guerre.

Egon quant à lui, ne peut clairement pas la blairer, pour les raisons qui sont évoquées plus haut. Il prend une gorgée de pétroléum brûlant, regarde longuement Giacomo qui le regarde en retour, puis reprend, car le temps bâille aux pigeons, les corneilles étant rares en centre-ville de Nantes :

Egon, rêveur :
La femme est un ensemble complexe.
Pénétrable et au fond, inaccessible…

Giacomo, poète :
Elle est une muse pour certains.
L'Elsa d'un Aragon,
la Jane d'un Gainsbourg,
la demoiselle d'Avignon d'un Picasso…
Elle est chasseresse pour d'autres,
comme une Loana dans une piscine,
une Madonna dans une église,
une Lady gaga en robe de viande !

Intensifiant son regard, imitant un peintre du dimanche assis devant une mer d'huile et fronçant les sourcils pour mieux voir les ombres qui n'existent pas, il poursuit :
Ses charmes et sa force sont emplis des feux qui font que le monde est monde, et ce, depuis bien avant l'intervention de Prométhée.

Egon, pessimiste :
Ou qu'il brûle régulièrement comme la Californie !

Giacomo, réaliste :
C'est vrai, disciple.
Vous avez raison.
Ou bien qu'il brûle…
D'après Sacha, Paris y a échappé de justesse.
Mais nous ?
Quel besoin absurde avons-nous, nous les hommes, de les idolâtrer et de les protéger alors que statistiquement elles vivent plus vieilles que nous, ces dévoreuses de mondes !

Egon :
Que voulez-vous, la faiblesse des hommes, elles savent.
Comme elles savent que la seule chose qui tourne sur Terre, c'est leurs robes légères.

Giacomo :
C'est vrai ce que vous dites ; la faiblesse des hommes, elles savent !
Et sur tous les tableaux, elles en jouent avec virtuosité.
L'homme est avec elles, une victime de sa bonté d'âme.
Elles nous perdent en délicatesse, en fragilité et en sensualité, mais sous la robe légère que vous évoquez, disciple, le bas est de plomb et la jarretière est hérissée de barbelés !
Un temps.
Les jupons tournent et nous hypnotisent !
Et même averti, on se fait avoir !
On se fait grenader et matraquer l'esprit comme sur les Champs-Élysées !
Et par rapport à elles, nous sommes incapables de penser autrement qu'en homme.

Alors qu'il faudrait se glisser corps et âme dans leurs deux-pièces en peaux de serpent pour éviter d'être pris pour des pommes !
Un autre temps.
C'est que pour elles, la duplicité est une discipline olympique !
Une spécialité hormonale !
Un comportement vital !
En vérité, je vous le dis, disciple, la femme est une louve pour l'homme !
Derrière ce que vous décrivez, disciple, se planque le diable en personne.
En avez-vous conscience ?

Egon, résigné :
Que voulez-vous, c'est ainsi et nous n'y pouvons rien !

Giacomo :
Cette fascination qu'elles exercent sur le moindre des hommes comme sur le plus grand... cela m'a toujours étonné.
Elles nous ensorcellent...
C'est démoniaque !
Pour elles, certains hommes vont jusqu'à tuer leurs frères, d'autres vont jusqu'à se renier
et d'autres vont jusqu'à se teindre en blonde !
Un temps suspendu.
Mais elles nous emmerdent à la fin, ces femelles !

Egon, subitement illuminé :
Oui, vous avez mille fois raison !
Alors, refusons-les à nos âmes et à nos corps !
Ignorons-les !
Spolions-les à la Arlette,

dénonçons-les à la Bardot,
confondons-les à la Chabot !

Giacomo, sur le ton de la confidence :
Ça ne marche pas !
Il y en a qui ont déjà essayé !
Sans succès.
La femme décidée finit toujours par les rattraper,
car elle court vite, cette saloperie !
Que celui qui pense le contraire me lance au visage
sa première paire de godasses !

Egon :
Nous les hommes, quand nous aimons,
nous avons chevillé au corps,
cette inconscience farfelue qui nous guide !
Quand nous mettons notre cœur dans leurs mains,
nous avons la naïveté du nouveau-né !
Alors qu'elles, elles cherchent,
elles fouillent,
elles fouinent dans nos âmes comme ça,
sans délicatesse et avec opportunisme.

Giacomo :
Oui, elles font les soldes !
Et à force d'aller au fond des choses, elles finissent par y faire
des trous !
Combien sont tombés au champ d'honneur pour avoir aimé ?
Elles essaiment les cordes de pendus derrière elles.
Et les douilles de balles de revolver !
Rien que sur un siècle, depuis l'avènement de la suffragette,
nous pouvons parler d'une hécatombe masculine

sans précédent !
On devrait accrocher toutes ces cordes de pendus au plafond du Panthéon ou sous l'Arc de Triomphe,
juste au-dessus du soldat inconnu, en hommage !

Giacomo regarde le plafond de la brasserie d'un air solennel quelques instants, puis reprend :
Ce qui m'insupporte de plus en plus avec le temps,
c'est qu'elles sont toujours négatives sur nos talents.
Elles sous-entendent qu'elles font mieux que nous
en toutes circonstances, en politique comme en cuisine !

Egon, perfide :
Pourtant, nous ne faisons que très rarement trois choses à la fois,
nous autres !
Comme assortir la moquette aux rideaux en répondant au téléphone.

Giacomo regarde par-dessus son épaule, subitement inquiet de l'attention que leur porte une jeune femme assise à sa gauche depuis peu et qui pour ce faire, est passée devant son nez avec ses jambes longues et fuselées et garnies de nylon rouge. Ceci dans le but d'occuper le pouf de la table voisine. La créature a même parlé, d'une voix magique et sensuelle et elle a dit :

S'cuse, my Misters!
I'm sorry!

Car elle a bien senti la guêpe, toute consciente qu'elle est de son faramineux pouvoir sur l'homme, que la conversation s'interrompait à son passage.

Giacomo, emmerdé :
Mais vous parlez trop et trop fort !
Elles écoutent même quand elles font semblant de ne pas entendre
ou de ne pas comprendre !
Rien ne les préoccupe plus que ce que l'on pense d'elles !

Egon, séduit par l'inconnue :
Moi aussi je me préoccupe de ce qu'elle pense…

Il regarde la jeune femme tendrement. Elle croise ses jambes suffisamment haut pour que la lisière du bas dépasse de sa robe qui flotte autour de son corps magnifique de délicieuse brunette d'outre-Manche, comme une île pâtissière flotte sensuellement sur de la crème anglaise.

Giacomo, courroucé :
Ah, taisez-vous, malheureux !
Vous vous livrez à l'Anglaise pieds et poings liés !
À vous conduire ainsi vous allez caler
et vous finirez sur la place publique, condamné au bûcher !

Egon, philosophe :
Et alors, qu'est-ce que ça peut bien faire ?
Le mal est fait.
C'est trop tard pour moi.

La jeune femme au bas nylon :
Le mâle est fait et bien fait !*
* Elle dit ceci en anglais, mais nous prenons sur nous de traduire directement.

Ce disant, elle lui fait un clin d'œil canaille assorti d'un sourire plus que prometteur. En réponse, un long frisson parcourt l'échine d'Egon.

Giacomo, moraliste :
Si vous les laissez entendre de tels propos,
elles penseront que le champ est libre
et qu'elles peuvent se livrer au carnage.
Après la curée, elles ne voudront vous séduire que dans leurs pires moments de désœuvrement !
Et vous ne représenterez plus aucun mystère, plus aucun danger.
Et vous n'exciterez plus la concurrence.
Vous ne serez plus rien d'autre qu'un simple coup d'un soir.
Une mesure hygiénique pour hyènes affamées !
Au mieux, par beau temps,
elles verront en vous l'ami idéal, le confident, le Rantanplan de service !

La jeune femme lui sourit encore et passe sensuellement sa langue sur sa lèvre supérieure sous un prétexte connu d'elle seule. Mais il faut avouer que cela fonctionne sur son entourage aussi.

Giacomo, perturbé :
Alors quoi ?

Il se retourne brièvement, suspectant l'intervention d'un tiers dans la conversation. La brunette par réflexe fait semblant d'être ailleurs. Giacomo passe son chemin.

Egon, légèrement aux fraises :
Rantanplan est honnête, lui !
C'est un bon chien.

La jeune femme se redresse sur son pouf et s'étire sensuellement. En souriant à la serveuse de plus en plus inquiète pour elle. Au dernier moment, quand ses bras retombent, elle lance une nouvelle œillade à Egon. Celui-ci lui rend en souriant. Giacomo se retourne pour de bon, constate et identifie l'anguille sous le rocher et, énervé, balance :

Mais il frétille de la queue pour un rien, ce clébard !

Puis, à l'envers sur son pouf, Giacomo claque des doigts pour quérir l'attention de la belle et, chose faite, il tend impérativement son autre index en désignant la porte à la jeune femme. Ses yeux sont si noirs, son air si méchant et sa détermination si grande, qu'elle prend peur et se dit qu'il vaut mieux filer à l'anglaise. Elle baisse la tête, se lève, ramasse son sac à main et sort sans accorder un dernier regard à Egon, qui lui bien sûr, est au désespoir. Il a envie de la suivre, de lui courir après, mais il tient bon. Surtout parce qu'il a peur de la réaction de son compagnon de table. Egon De Housse est un peu couard, il faut le savoir.

Egon, sur le même ton, faisant semblant d'ignorer la scène et le regard implorant braqué sur la belle qui pousse la porte :
Mais fidèle !

Giacomo, le sourcil hautain :
À sa bêtise !

La jeune femme se retournant et lui faisant un doigt d'honneur magistral de derrière la vitrine en articulant bien deux mots de sa langue fatale que l'on devine et qui ne sont pas aimables.

Egon, admettant :
D'accord, il est stupide, mais cela n'enlève rien à ses qualités.

Il cherche du regard la jeune femme qui est maintenant définitivement sortie de son champ de vision.

Giacomo, agressif :
Elles s'en foutent de vos qualités comme de leur premier string,
pauvre disciple !
Ce qu'elles veulent, aucun homme ne peut le contenir,
aucun n'a assez de volume !
C'est une partie perdue d'avance !
Toutes ont un fond d'âme tortueux et contrariant…
Maugréant.
Surtout celles qui roulent à droite et prennent les mesures au pouce !
Reprenant normalement.
Tenez, prenez l'exemple de celle-ci, celle que je viens de chasser !
Elle vous aurait bouffé tout cru en moins de cinq minutes,
cette minette minaudante et tentatrice !
Elle a vu votre désespoir nager dans vos yeux inondés
et elle s'est déguisée en bouée pour vous appâter !
À côté d'elle, le plus zélé des sauveteurs en mer bretons n'a
aucune chance !

Egon, ému :
Ce n'est pas possible que la vie soit ainsi faite !
Il doit bien en exister une qui me corresponde !
Une qui sera amoureuse de moi et non d'elle !

Giacomo, le sourcil très convaincant :
Heureux les simples d'esprit,
car les portes du royaume des cocus leur sont grandes ouvertes…
Continuez ainsi disciple, et je fais immédiatement la quête pour vous.
Vous me faites pitié.
Si.

Egon, perdu :
Peut-être bien…
vous avez peut-être eu raison de tirer le premier, Monsieur le Français…
mais à cause de vous je ne pourrai pas le vérifier.

Ils s'arrêtèrent de parler quelques instants, jouant avec les petites cuillères de porcelaine rouge dans les tasses d'aluminium brossé comme on joue avec un bâton dans le feu. Le pétroléum épaissit à vue d'œil, comme le mazout sur les rochers bretons, à la saison des pétroliers. C'est normal, il refroidit. Egon est triste comme un républicain inscrit et votant de 2017. Il sent que la vie repart de son caleçon long. Il dit, angoissé :

Alors, à qui se fier ?

Giacomo, sec :
Je vous le demande !

Egon :
Je ne sais pas, à Sacha, à nos maîtres ?
À ceux qui nous avertissent sur elle ?
À ceux qui semblent insensibles aux femmes ?

À Karl Lagerfeld par exemple,
qui sa vie durant n'a cessé de vouloir en faire des portemanteaux,
ce cintré ?

Giacomo :
Non, Sacha Guitry n'aurait pas tant écrit sur elles s'il ne les aimait pas.
Et nous en sommes tous là.
Si la misogynie des autres nous fait rire, la nôtre nous fait peur.
C'est comme ça.
Quoique la plupart d'entre elles refusent le bonheur et préfèrent le scabreux à la simplicité et les coups à la tranquillité.
Voyez-vous disciple, au nom de l'envie de vivre, de tout voir,
de tout connaître, ces créatures cultivent l'instabilité
comme elles cultivent le caprice.
Alors, les punitions qu'elles s'infligent leur vont bien... ça soulage leurs enfantines consciences.

Egon, avec un petit sourire sadique :
Une bonne fessée... voilà ce qu'il faut, à ces femelles du diable !
Le cul rouge et les yeux qui piquent !

Giacomo :
Lacan et le marquis ont travaillé longtemps là-dessus...
Contempler son cul rouge dans la glace de la chambre des parents après le passage de la main vengeresse !
Se frotter les arrières sans contrôle du devant...
C'est un pansement féminin, non la solution.
Car malheureusement avec le temps,
ces créatures perverses en font un jeu sexuel.

Et elles revendiquent le droit d'être fessées
et de fesser en toute égalité avec l'homme.
Là encore, ce n'est plus un privilège masculin
que de malmener le postérieur d'autrui !

Egon, subitement éclairé :
Vous avez remarqué vous aussi, cette propension au malheur chez elles ? Ce continuel besoin de ne jamais se contenter de ce qu'elles ont !

Giacomo :
Eh oui, éternellement insatisfaites !
Elles auraient trop peur de s'emmerder en ne nous rendant pas la pareille, ces démoniaques castratrices !

Egon :
Quand on y réfléchit sans les voir, elles sont monstrueuses !
Mais je le confesse, à la vue d'une femme qui me plaît,
ma vue se brouille !
Mes paupières cafouillent et mon iris brille.
Dans ces cas-là, je l'avoue sans honte, je pars en vrille.
Mes mains m'échappent et mes pensées se cabrent comme mon... ce...

Giacomo, gêné :
Oui, je vois...
Votre...
Apprenez que la femme est un miroir aux alouettes.
Une alienne destructrice qui renvoie le rôle horrifique de Sigourney Weaver à une figuration avec Casimir dans *L'île aux enfants*.
La femme est une mutante du corps et de l'esprit !

Une menace pour nous les hommes,
malheureusement victimes de nos bas instincts.

Egon :

Mais que faire alors ?
Car maintenant, je suis perdu entre mon amour pour elles
et la peur qu'elles m'inspirent quand je cesse de penser avec
mon…

Giacomo :

Oui… avec votre… je comprends…
C'est pour t'aider à maîtriser cela que je viens à ta table jeune
disciple !

Les deux hommes se serrèrent la main dans le même élan. Une confiance virile s'est établie entre eux. Ils se congratulèrent de ce libre-échange, Giacomo se félicitant des progrès de son jeune disciple et Egon se montrant reconnaissant de l'enseignement de son précepteur de salle de bar.

L'effusion des sentiments passée, Egon, tout à son pétroléum désormais définitivement froid et épais, pensait. Il profitait de l'absence momentanée de son interlocuteur qui découlait de l'absorption continue de pétroléum.

Il était heureux de cette rencontre. Cependant, un détail le troublait : il se demandait comment le sociétaire connaissait son nom. Il imagina que sous ses allures d'acteur de la comédie française, ce personnage était peut-être un ange, comme Mimi Mati est une Joséphine. D'ailleurs, pour avoir connu Jules Vernes…

Le cas échéant, il se dit qu'il lui faudrait le traiter avec égard, mais quand même, se méfier. Après tout, les anges déchus existent aussi. Et puis la religion c'est comme les femmes. Egon n'aime pas beaucoup ce principe d'adoration aveugle que les unes et l'autre réclament.

Nous, bien sûr, connaissons le pourquoi du comment du mystère. C'est plus facile en tant qu'observateur. De Housse n'avait pas remarqué qu'une étiquette cousue au revers de son écharpe indiquait clairement, à qui voulait bien la lire, son patronyme. Il n'avait pas remarqué non plus que son écharpe se fut suicidée en se faisant sauter une maille. Par suite à sa désastreuse liaison avec le pied de table. Ainsi, quand il la ramassa au sol pour la renouer négligemment autour de son cou, il la mit à l'envers. Souvent, les grands mystères ne sont qu'un malentendu.

Acte 1
Scène 5, chapitre 5

Les acteurs :
- **Egon De Housse,** disciple.
- **Giacomo,** vieux cabot à favoris gris et acteur maudit.
- **La serveuse,** dite Hiroshima mon amour.
- **Les petites cuillères,** de porcelaine rouge.
- **Un chat,** enroué.
- **Un meurtre,** dans le mazout.
- **Louis de Funès,** avec un grand « M ».
- **Une Messaline,** à l'hôtel.
- **Prométhée,** éteint.
- **Sophie Marceau,** pas contrariante.
- **Elle,** toujours absente.
- **Marie-Antoinette,** Teutonne à gros tétons, d'après Alain Decaux.
- **Honoré de Balzac,** largué.
- **Casta,** à bicyclette.
- **Sardou,** plus fort que Johnny.
- **Clemenceau,** sans amiante.

Note de l'éditeur :
Parfois, le mieux est encore de ne rien dire.

La scène s'ouvre encore sur le même décor, si ce n'est que certains figurants commencent à chalouper, car dans un souci de réalisme, le metteur en scène a choisi de ne pas truquer les alcools par des eaux aux sirops.

Egon est assis dans la position grotesque que nous connaissons. La petite cuillère de porcelaine rouge qui avant se contentait de buller dans le pétroléum, insiste maintenant bruyamment pour lui parler, mais il fait semblant de ne pas entendre. Il ne voudrait pas que Giacomo lui prête une oreille indiscrète. Comme il est vrai que pour celui qui ne comprend pas, converser avec une petite cuillère peut sembler étrange. Egon est d'un naturel timide. Et il est bien éduqué. Voire un peu vieille France. C'est la remueuse en porcelaine ou sa crédibilité. Elle ou son secret, et de deux maux, il choisit le moindre.

Alors, la main ferme, mais le poignet souple pour ne pas renverser le pétroléum de sa tasse en aluminium brossé, il la noie.

Comme beaucoup le savent, toute petite cuillère de porcelaine plongée et maintenue plus de 56 secondes et 4 dixièmes dans une tasse de pétroléum caféiné meurt d'asphyxie. Egon De Housse applique donc cette loi scientifique promulguée le 2 septembre 1939, les yeux rivés sur le chronomètre de sa montre-bracelet.

Le sociétaire de la comédie française, revenu à la table, ne remarque rien. Egon respire bruyamment pour couvrir les cris de la petite cuillère de porcelaine rouge. Elle fait encore des bulles quelques secondes, et puis plus rien ne bouge. Le pétroléum a fait son œuvre. Au quatrième dixième des cinquante sixièmes secondes, précisément. La tasse ne bronche pas. Elle sait par expérience qu'il ne faut jamais s'attacher aux remueuses de liquide. Ni se mêler de leurs affaires.

Giacomo :
Vous ne vous sentez pas bien, disciple ?
Votre respiration semble difficile.

Egon, toussant pour s'éclaircir la gorge :
Juste un chat dans la gorge, ce n'est rien.
Mais, merci de votre sollicitude, cher invité.

Giacomo, cynique :
Dites plutôt une chatte mon ami !
Une miauleuse, une coureuse de gouttière qui fait ses griffes
sur votre glotte et frotte sa fourrure à votre palais.
J'ai compris votre histoire, ne dites plus un mot !

Egon, balbutiant :
Mais, je n'ai rien dit, moi !
C'est vous qui...

Giacomo, dominateur :
Enfin, disciple, taisez-vous puisque je vous le demande !
C'est incroyable, je ne peux m'expliquer que si le silence se
fait,
nom d'un acte !
J'ai compris, vous dis-je.

Egon, se rebiffant :
Et vous avez compris quoi ?

Giacomo :
Qu'elle vous a lâché comme une vieille chaussette !
Comme un enfant jeté dans les bras de l'assistance !
Comme un chien sur le bord d'une nationale au mois d'août !

Et que depuis vous êtes au plus bas !
Geignard. Et vil.
Un temps.
Vile parce que vos grandes phrases sonnent faux.
Parce que vos considérations et vos réflexions sonnent mal.
Aussi mal que sonne un sonnet écrit pour trois roupies de san-sonnet par un poète pour qui sonne le glas au clocher d'un village d'analphabètes que je connais et qui est situé dans l'Essonne.

Egon ne s'attendait pas à cette réaction de son interlocuteur. Il se tait. Poursuivant, tout en prenant une voix féminine, caricaturant ainsi la femme qui est l'objet des pensées de son disciple, Giacomo achève de le sonner :

Moi, je ne t'aime plus !
Enfin si, je t'aime encore, mais pas comme avant.
Le truc c'est que je ne suis plus amoureuse !
Entre nous, niveau cul, c'était bien, au début, c'est vrai, mais ce n'était pas l'extase non plus, je dois être franche.
Mais j'étais plus jeune et je croyais
qu'il fallait faire semblant pour te contenter.
Je te connais par cœur !
Et je ne suis pas ta mère !
J'ai besoin de vibrer, moi,
j'ai besoin d'un homme qui me fasse me sentir femme !
Durcissant le ton et quittant sa voix de fausset :
Voilà ce qu'il vous arrive, Monsieur !
On a piétiné votre cœur, détruit votre bien-être et annexé votre âme !
Vos cabinets de toilette sont hantés par le souvenir des gros titres des magazines féminins et votre frigidaire sent encore le légume frais et non calorique !

Cherchez dans les plis de votre canapé,
vous trouverez des dentelles sales !
Un temps.
Ah, j'oubliais ! Il ne m'étonnerait pas qu'elle ait ajouté :
Reprenant sa voix de fausset :
Un copain que tu ne connais pas passera prendre mes affaires.
Et :
Ne cherche pas à me joindre, j'ai changé de numéro.
Et :
Je garde ta bague en souvenir.
Et :
Ne t'inquiète pas, tu en trouveras une autre que moi,
avec de plus gros seins et qui voudra bien te sucer !
Une qui t'aimera mieux que moi.
Qui te conviendra mieux !
Reprenant une voix normale :
Je continue ?

Egon, abasourdi :
Mais comment savez-vous que...

Giacomo, superbe :
Il n'y a qu'un cas où les hommes parlent à une petite cuillère de porcelaine dans une brasserie : la défection amoureuse.
Et elles n'ont qu'une manière de nous quitter :
en nous piétinant !
Un plus une ne faisant pas deux, l'addition est facile !

Certain de son effet, Giacomo savourait sa victoire, ignorant du geste et du regard Egon. Le laissant volontairement ruminer.

Derrière Egon il y a un miroir, et c'est là que monsieur Giacomo est maintenant parti, dans l'autre réalité de son ego. Il aime se contempler. C'est ainsi.

« Ainsi, il sait… », pensa Egon. Il se dit qu'il aurait dû prendre le temps de bâillonner la petite cuillère avec le papier du sucre enveloppé, dès le départ. C'était peut-être elle qui avait cafté. Peut-être même que Giacomo a la faculté, comme lui, de parler aux objets. Il sortit son petit carnet noir et nota ceci en pense-bête. Puis il le remit vivement dans sa poche intérieure. C'était une habitude ; il prenait le terme « corriger ses erreurs » au pied de la lettre et au mot près.

Il lui était important de retranscrire toutes ces petites idées qui feront de lui plus tard, quand il ne sera pas loin de mourir, un être d'exception que tout le monde regrettera.

« Il faut organiser sa mort précautionneusement, et croyez-le, il n'y a pas trop d'une vie pour penser à tout ! » comme disait le grand-père. Aussi Egon veillait à ne pas se mettre en retard sur le sujet.

Giacomo ne disait rien, il semblait parti ailleurs, absorbé par son reflet, comme tout à l'heure Hiroshima. Dans les haut-parleurs, maintenant, passait une ritournelle à la mode pour public décérébré. Egon remarqua que son interprète chantait aussi faussement qu'un élu socialiste parle de son patrimoine. Si on y rajoute les courants d'air dus à la porte et le regard haineux de la serveuse, il conclut son tour d'horizon en se disant qu'il était peut-être temps de rentrer.

Egon leva les yeux sur le sociétaire cabotin, voyant que celui-ci l'ignorait toujours, mais étant pris d'une subite colère, son cafard hargneux revint à la charge. Il persifla, amer :

La défection, la défection… c'est facile de mettre un mot sur tant de souffrance !

Vous m'emmerdez et je vais vous laisser !
Les cafés sont pour moi.

Giacomo, réprobateur :
Ne soyez donc pas vulgaire, disciple, Louis de Funès aurait détesté !
Car c'est d'une comédie qu'il s'agit et dont nous parlons.
De la comédie de la vie.
Non du drame de votre vie.
Tant qu'à savoir si votre comédie est humaine,
mon cher ami, je ne saurais le dire.
À notre époque, Balzac lui-même serait largué.

Il regarda Egon avec un bon sourire. Indiquant par là qu'il ne s'était nullement offensé de son excès d'humeur. Egon revint alors à de meilleurs sentiments. Maintenant, il s'en voulait un peu de cet écart. D'un geste, il l'invita à poursuivre. Ce que Giacomo fit :

Nous parlons là du rôle de composition de la femme dans le couple.
De la femme par rapport à l'homme qui est coupable de naissance
par sa compromission animale et reproductive.
Il est notoire qu'adolescents,
nous les garçons, dans nos tendres et vertes années,
nous imaginons les femmes pures et douces,
préférant le bien au mal, le rire aux larmes et la tendresse à tout le reste. Et pour cause, à propos de ceci,
nos mères nous bandent les yeux dès le « berce-sots ».
Dans l'enfance, les choses nous sont présentées simplement :
les filles portent des jupes et elles jouent à la poupée,
et les garçons des pantalons et ils jouent aux soldats !

Les filles se mettent du vernis à ongles
et les garçons se mettent des gnons.
Les filles sont douées pour réciter les poésies
et les garçons sont meilleurs en calcul.
Les filles sont sages et les garçons sont turbulents.
Les filles sont économes et les garçons sont gourmands.
Quelle naïveté que la nôtre !
Charmantes et attachantes croyances que celles de l'enfance,
mais elles sont pourtant effroyablement stupides.
Quelle déception en grandissant, lorsque l'on s'aperçoit que la
plupart d'entre elles sont bien loin de tout ça et qu'en réalité,
elles ne pensent qu'à jouir avec la plus grande gourmandise de
tout ce que le monde peut leur offrir comme plaisirs !
Jusqu'à en boucher les lavabos !
Qu'elles mettent des pantalons moulants
pour que les garçons se mettent des gnons à cause d'elles,
qu'elles jouent aux soldats
et que nous ne sommes au final que leurs poupées !
Que le vernis à ongles cache des griffes acérées qui font passer
nos ergots de coqs pour des cure-dents
et que pour elles, la poésie est synonyme de calcul !
Elles ne vivent que pour mettre leur beauté en relief
si elles sont belles,
et leurs frustrations si elles sont laides.
Et je n'ose aborder le sujet de la maternité,
quand les horloges biologiques leur rappellent qu'elles sont
avant tout des mammifères à talons hauts et jupes fendues, là,
disciple, l'espoir ne suffit plus et pour nous pauvres diables, le
temps de la prière est venu !
Par ces propos, je vous instruis par expérience,
du décalage entre la fleur bleue et la fleur de bitume,
entre le contenu et le contenant,

l'élixir et le flacon,
la mairie et le tribunal de grande instance.
Tribunal où ni dieu ni diable ne peuvent intervenir pour sauver
l'homme et où, invariablement, les choses se terminent.

Egon, soupirant :
Pourtant, pourtant…
Le monde ou bien « elle », et je choisis « elle ».

Giacomo, sarcastique :
Là est le problème…
Le monde ne suffit pas.
Ce n'est pas la Marceau qui vous dira le contraire !

Egon :
C'est de l'aliénation !
Elles nous spolient la boîte à jugeote encore mieux que le fait
le PAF !

Giacomo :
Laissez le PAF tranquille, justement, c'est cette obstination
imbécile de votre part, cette « incompréhension qui vous
amène vers la perdition et le naufrage volontaire ! »
Vous êtes le France et vous coulez dans l'estuaire, le cul tourné
au pays breton où vous êtes né !
Sardou aura beau le gueuler plus fort qu'Hallyday ne chantait,
ça ne changera rien au problème !
Pire, vous êtes le Clemenceau !
Vous êtes, non pas désamianté, mais « désamanté », mon cher !
Soudainement inquiet.
Ce n'est pas de la fierté, hein ?
C'est bien le naufrage de votre couple

et le départ de la belette
qui vous chagrine, n'est-ce pas ?
De Housse secoue la tête par l'affirmative.
Donc, si vous me l'assurez, ce n'en est pas !
Que ce n'est que de la peine et des regrets à pleine brouette,
n'est-ce pas ?
Parce que pour votre fierté c'est trop tard, rappelez-vous :
vous êtes allé à son enterrement le jour où vous avez dit « je
t'aime » à la créature incriminée et criminelle pour la première
fois.
Il n'est plus temps de vous en soucier !
Aux chiottes la fierté.
Votre dame pipi a tiré la chasse !
Giacomo réfléchit un instant en regardant avec obstination Egon. Puis il poursuit sa tirade en haussant le ton :
Nous ne pouvons être que des éminences grises de l'amour,
nous autres, pauvres poètes du quotidien !
Vous et moi.
Et peut-être lui là-bas.
Ou celui-ci, à côté !
Il désigne du doigt des types assis dans la brasserie.
Pour elles, nous sommes les mousquetaires corrompus de Richelieu
qui refusent de couvrir l'adultère !
Nous sommes les bourreaux de Marie-Antoinette,
la belle Teutonne aux gros tétons !
Car elles voient en moi et en vous dès à présent que nous
sommes des initiés des pratiques basses et fourbes des
femelles.
Que nous sommes des informés de leurs natures
changeantes et perverses !

Il regarde autour de lui s'il voit une femme qu'il pourrait toiser du regard, mais il ne trouve qu'Hiroshima qui lui tourne le dos aussi sec !
    Mais parlez-moi d'amour, que je rigole un bon coup !
À la cantonade.
    Ah, mais allez-y !
    J'attends !
    Comment ça ?
    Personne ?
    Non, personne ?
Il se met debout, provocateur et bretteur !
    Vraiment ?

Egon se lève aussi et lance ceci comme une riposte à un tir d'artillerie imaginaire et subit :
    Nous sommes les forces masculines libres !

Giacomo, réglant la hausse :
    Pleurez, femelles, souffrez et priez !

Egon se rassoit et ne sachant que faire, il jette sa petite cuillère de porcelaine rouge au sol, en hurlant :
    Hiroshima, la pelle !

Les autres consommateurs de la brasserie qui s'étaient interrompus dans leurs occupations le temps de la démonstration de force de nos deux héros, se regardent entre eux et tournent la page aussi sec. Je crois que ni Giacomo ni Egon n'ont convaincu l'auditoire. À leur décharge, il s'agit là, non d'un auditoire choisi et de qualité, mais simplement d'étudiants du spectacle qui font de la figuration pour cachetonner. Je vous laisse en tirer les conclusions qui s'imposent.

Egon, navré :
Ils ne comprennent pas…
C'est une catastrophe totale !
Le constat est si profond que le vertige me prend !

Giacomo :
Elles ne peuvent pas comprendre, de toute manière.
Nous ne sommes pas foutus comme elle, avec leurs trucs là,
sur le torse, et leurs ventres là, sans appendice !
˜ Déjà, à la base, nous ne fonctionnons pas comme elles !
Et c'est heureux !

La serveuse-manga nettoie les dégâts, à quatre pattes, sans mot piper. La scène est pitoyable. Egon est néanmoins satisfait de voir une femme souffrir sur l'instant. Il a envie de lui faire mal, mais il se retient. D'ailleurs, il serait bien embêté s'il se lançait, car il ne saurait pas comment s'y prendre physiquement.

Un mot du psychologue sur le sujet :
« *Le sadisme est un coup d'état permanent chez l'homme. Il sait que ce n'est pas bien, mais il ne peut pas s'en empêcher ! Ça remonte à l'enfance, ça commence au stade pipi-caca, puis viennent les ailes des libellules, puis il se retrouve un jour à ligoter quelqu'un sur un lit, dans une chambre d'hôtel. Et avant qu'il ne s'en rende compte, le mal est fait.* »

Merci… mais reprenons :

Egon, renouant avec le fil de ses pensées décousues :
Non, qui je suis, elle ne l'a pas compris !
Ce que je dis, elle ne l'a pas entendu !
Ce que je vis, elle s'en tamponne !
Ce que je rêve, elle l'a transformé en cauchemar !

Giacomo :
Et cela va beaucoup plus loin que vous ne le soupçonnez pour l'instant, disciple.
Une question :
votre mère le sait-elle elle-même, tout cela ?
Ce que vous êtes et ce que vous n'êtes pas ?

Egon :
Je ne sais pas, maintenant, j'avoue que le doute me gagne…
Après tout, une mère est une femme, elle aussi.
Egon réfléchit longuement à la problématique évoquée par l'artiste. Il se gratte le menton, se frotte les yeux, ouvre la bouche, la referme, renifle, perd ses yeux dans le lointain, revient subitement à lui, s'éloigne de nouveau et pour finir, après un interminable soupir, dit :
Après toutes ces déceptions,
tous ces manquements les plus élémentaires à mes convictions propres,
à mes envies les plus sincères…
J'en suis à tout regretter.
Le bien et le mal qu'on m'a fait.
Je trouve tout cela égal.

Giacomo, moqueur :
J'ai cru, au vu de tant de réflexion intime dont vous avez fait formidablement profiter l'assistance, que vous alliez accrocher au bout de votre nez, la pancarte *do not disturb*, comme une Messaline à l'hôtel.
Je commençais à piaffer d'impatience.
J'en arrivais même à me dire que votre enfance a été anormalement longue pour que vous soyez aujourd'hui si lent !

Egon ne répondit pas, offusqué des propos de Giacomo. Ce dernier, introspectif, continua d'un ton paternaliste :

Mais enfin, réfléchissez, disciple ! Puisez dans les valeurs de votre éducation pour vous conforter et pour structurer votre pensée !
Il n'y a pas eu que la mère, il y a eu aussi votre père !
Vous savez, papa, papounet, celui qui reste à bricoler dans le garage tout le week-end, par tous les temps et qui n'ose rien dire à part :
« Ce soir il y a du foot à la télé. »
Cet homme qu'on oblige à jouer le rôle du flic de famille pour que l'enfant reste sage…
Enfin, quand même !
Voyez en mâle de temps en temps !
Comparez !
Pratiquez l'analyse globale !

Egon, bref :
Je n'ai pas de papounet, je ne l'ai pas connu et il ne m'a pas reconnu.

Giacomo, respectueux :
Mon Dieu, le fils du soldat inconnu !
C'est émouvant !
J'en reste pantois !
Un temps.
Votre grand-père alors ?

Egon, tout aussi bref :
Il était déjà mort quand je suis né.

Giacomo, patient :
Un amant de madame votre mère alors ?

Egon, décidément énervant :
Elle est restée bloquée sur mon père.
Je n'ai jamais vu l'ombre d'une queue au foyer.

Giacomo, inventif, mimant un metteur en scène derrière son objectif :
Je vois la scène.
Je la tiens, coco !
Une victime femelle de l'amour déçu.
Du fameux grand amour, celui qui chamboule tout.
Une martyre de l'amour idéal et télévisuel,
du drame russe effroyable,
comparable à la charge de la cavalerie polonaise contre les blindés allemands en 1939.
Je vois votre mère, pédalant au milieu de la mitraille et du sang, de la sueur et des larmes, à bicyclette bleue sur le champ de bataille, enceinte jusqu'aux dents et tenant le guidon d'une main et mordillant nerveusement un mouchoir blanc de l'autre...
Les bombardiers bombardent, les mitrailleurs mitraillent, les canonniers canonnent, mais elle, superbe d'humanité et d'abnégation, elle pédale vers son destin !
Vers votre naissance.
C'est beau.

Egon, souriant malgré lui :
C'était un amour de jeunesse.
Je crois que je suis le résultat du croisement de circonstances
liées
à une meule de foin et un bal populaire.

Giacomo, en forme :
Bref, vous êtes la cendre de conséquence d'un feu de paille...
Le pétard n'était donc pas mouillé et la mèche était bien vaillante !
Riant sous cape puis se reprenant.
Votre père, elle n'en parle pas ?

Egon, fataliste :
Non, mais c'était un salop visiblement...
Il l'a trop déçue pour qu'elle en aime un autre
et elle l'a trop aimé pour qu'elle en aime un autre aussi.

Giacomo, amusé :
Et vous l'avez crue ?

Egon, surpris de la question :
Ben, oui !

Giacomo, courroucé :
C'est un tort, crème d'andouille !
Même à l'époque des suffragettes,
une seule voix de femelle ne compte pas !
Dans votre cas, vous ne pouvez rien penser ni définir
qui vous donnerait une vision objective des choses
puisque vous n'avez qu'un son de cloche plat et moche.
Le sait-il au moins que vous êtes né, ce brave homme ?

Le silence se fait lourd entre les deux hommes. Egon s'écrase sur son pouf, en pleine déconfiture, comme l'image de sa bonne maman le devient peu à peu dans son esprit.

Giacomo boit son pétroléum nauséeux avec délectation. Il est satisfait de la manière dont il a mené le dialogue. Il se flatte de son sens de la répartie, et se félicite chaleureusement.

Le rideau se referme lentement, glissant comme un pet de jouvencelle sur un parquet fraîchement ciré, les spectateurs s'en apercevant à peine. En coulisse, on s'active pour la scène 6, dernier chapitre du premier acte.

Acte 1
Scène 6, chapitre 6

Les acteurs, bons comédiens :
- **Egon De Housse,** jeune disciple révolté.
- **Giacomo,** sociétaire motivé et fin psychologue qui fait pâlir d'envie Claude Miller dans ses propos et ses analyses.
- **La serveuse,** dite Hiroshima mon amour ou Hiroshima.
- **Les petites cuillères,** de porcelaine rouge.
- **Jacques le taxidermiste,** jovial et sémillant personnage.
- **Le gros orteil gauche,** de monsieur De Housse.
- **Zola,** assommé par des nanas.
- **Les roses,** Dieu et le reste.
- **Des amanites,** caressantes.
- **Des Amazones,** à deux nichons.
- **Daniel Gélin,** sur le fleuve et à la rame.
- **Les seins,** de Samantha Fox.
- **Christophe,** sur la plage avec le grand Jacques.
- **Saint-Valentin,** commerçant inscrit au registre du commerce et des sociétés.
- **Des anges,** avec des oreilles d'éléphants.
- **Une amante,** litigieuse.
- **Une assiette,** de porcelaine blanche.

Le rideau se lève sur le sixième chapitre de l'acte 1. Le décor reste le même, la lumière est maintenant devenue totalement artificielle. La soirée est bien avancée.

Egon est assis dans la position grotesque que vous subissez depuis le début du roman en pièce. Après réflexion, globalement vexé par les propos de Giacomo, il visualise mentalement l'image ectoplasmique de son gros orteil gauche. L'odeur commence à se répandre ; il en est satisfait.

Si vous ne comprenez pas, vous n'aviez qu'à être attentif au tout début du roman en pièce.

Giacomo, le sociétaire de la comédie française aux favoris partants, gêné par l'odeur, place un mouchoir en tissu devant son appendice nasal, en disant d'une voix de canard :

Giacomo :
Ça poque grave ici !
Il doit y avoir un âne mort dans la cave !
Ou alors un cadavre dans le congélo et l'on a oublié de payer la note d'électricité !
Quelle odeur !
C'est épouvantable !
À Egon :
Vous ne sentez rien ?

Egon, vengeur :
J'm'en fous !
Alors, comme ça, je suis une andouille ?

Giacomo, surpris :
Mais non, mon petit, mais non !
Loin de moi l'idée, sinon à votre table, je ne me serais point assis.

Egon, peu convaincu :
Eh bien alors, pourquoi m'avoir traité d'andouille ?

Giacomo :
C'est parce que depuis votre plus tendre enfance, vous êtes comme une belle tranche d'andouille trônant au milieu de l'assiette de charcuterie !
L'image est un peu personnelle, je vous le concède.
Mais je vais m'expliquer.
Disons plutôt, pour se faire comprendre du commun des mortels, que vous êtes comme un mouton.
Vous êtes une créature laineuse et shampooinée à froid, brossée par une femme qui n'est autre que votre mère et qui vous a transformé au fil des années et sur le fil du rasoir, en chair à amante litigieuse.

Egon, dépassé et remué :
Je ne vous suis pas…

Giacomo, la voix dégoulinante :
C'est pourtant simple, disciple de peu de foi !
Elle vous a gavé de foi grasse et de bons sentiments, votre maman !
Lentement, tendrement, mais vous avez été gavé quand même, disciple !
Comme une oie qui doit répondre à un surstock de bocaux en verre blanc chez l'éleveur !
Elle vous a seriné qu'il ne faut jamais mentir à sa mère et toujours lui dire oui, en toutes circonstances.
Que jamais la femme de votre vie et les autres, passées, présentes et à venir, ne remplaceront votre maman chérie !

Elle vous a fait culpabiliser sur la triste et sordide condition de la femme seule, élevant son fils dans la dignité, renonçant à ses rêves pour remplir le frigidaire avec un travail médiocre.
Travail où elle subissait les attouchements sexuels de ses patrons vicieux et amis des commissaires de police locaux !
Bref, elle vous a instruit sur le comportement inadmissible des hommes, et vous vous êtes saigné pour la remercier à chaque fête des Mères et plus tard pour la Saint-Valentin en plus, quand d'un sein maternel, vous êtes passé au sein sempiternel.

Egon, un peu flou :
Je suis bien obligé de l'admettre…
Il y a du vrai dans ce que vous dites.

Giacomo, rassuré :
Le brave petit, va !
Vous savez, disciple, qu'Émile Zola, qui a connu bien des nanas assommantes et qu'on a vues à l'œuvre, a écrit cinq cents pages pour moins que ça !
C'est consternant de banalité tout ça.
C'en est devenu criminel tant c'est admis !
Et comme d'habitude, la police ne fait rien et on ne légifère pas non plus sur le problème à la chambre.
Un temps.
Mais dites donc quelle odeur !
C'est de pis en pis !

Egon, embêté :
À ce point ?
Je ne sens pas trop, il faut dire que je suis un peu enrhumé…

Giacomo, tentant de rester sur-concentré sur le débat :
Disciple, vous êtes une victime.

Un sacrifié de l'amour possessif et maternel.
Je suis certain que votre maman vous rabâchait des phrases telles que :
— On ne bat jamais une femme même avec une rose.
— Ce que femme veut, Dieu le fait.
— On dit maman une fois et on le dit tout le reste de sa vie…
Et ce genre de billevesées multipliées en sincérité par des années de conneries.
Un temps, le mouchoir sur le nez.
Ah, je crois qu'un léger courant d'air serait le bienvenu !
S'adressant à un homme qui vient d'entrer dans la brasserie :
Mon garçon, voulez-vous, vous qui avez l'air si aimable, laisser la porte ouverte ?
Par avance merci.
Se retournant vers De Housse.
Alors, les roses, Dieu et le reste, hein ?

Egon, contrit comme un noyau avec sa cerise :
Oui.
Ça et bien d'autres mots, qui avec le temps sont devenus mes maux.
Il faut dire que j'ai grandi seul avec elle, aussi !
Alors, ce qu'elle disait devenait parole d'évangile…
Il se bloque et réfléchit une petite minute et poursuit :
Maman m'a tout appris.
M'a toujours compris.
Maman, c'est maman.
Et vous, vous ne pouvez pas comprendre !

Giacomo, parlant haut :
Réponds à ces questions, simplement par oui ou par non, et tu comprendras au résultat, jusqu'à quel point tu es infecté !

Commençons !
Tu laisses sur le plat les morceaux qu'elle préfère, disciple ?
Même quand il s'agit de ton plat préféré ?
Avec ta mère comme avec une autre ?

Egon, tout bas :
Oui.

Giacomo parlant plus haut :
Tu portes les packs d'eau dans l'escalier, tu portes les sacs de commissions et les valises, disciple ?
Alors que toi tu as deux kilos dedans et elles une bonne vingtaine au bas mot…
Tu ouvres les portillons, les portes et les portières et tu t'effaces pour laisser le passage au jupon ?

Egon, encore plus bas :
Oui.

Giacomo, encore plus haut :
C'est parce que tu penses qu'elles sont précieuses et fragiles ?
Que leurs beaux bras blancs et leurs mains fines ne sont pas faits pour les basses besognes ?
N'est-ce pas ?
C'est bien cela, discipulus simplex ?
C'est bien ce que tu penses ?
Que leur délicatesse les met à l'abri de devoir subir la brutalité basse et crasse de l'homme de Néandertal alcoolisé, qui pullule sous nos fenêtres et qui remplit les stades et les PMU ?
Qu'elles sont si belles, si délicates et graciles, qu'elles méritent ton sacrifice de tous les instants ?
Que toi Tarzan et elles Jane ?

Et que tu dois les protéger dans la jungle infernale de la vie,
que tu dois assommer des gorilles, sous peine de croire que la
petite liane qui se planque dans ton slip ne sert à rien ?
Et que par cette attitude galante, justement, tu te flattes de
n'être point un Néandertalien de base ?

Egon, chuchotant :
Oui.

Giacomo, déclarant :
Qu'il ne faut pas tromper une femme, même par folie, même
pour cause de crampe infernale, même par hygiène ?
Que se faire sucer, c'est déjà tromper ?

Egon, susurrant :
Oui, tout ça…
Arrêtez, s'il vous plaît, on nous regarde !
Parlez moins fort !

Giacomo, froid et bas :
« *Elle* », la fameuse, celle qui t'abîme le cœur et l'âme, je suis
certain qu'elle t'a demandé dès le début de votre relation
d'oublier les autres filles !
D'oublier les meilleurs moments, chers à tout homme,
passés entre les bras et les jambes d'une des amanites caressantes de ton passé.
D'oublier l'intrusion dans ta vie d'une de ces Amazones à deux
nichons qui hantent les rues de nos villes
et qui sont prêtes à fondre en meute sur le moindre mâle bien
de sa personne pour exulter hors d'elle leurs plaisirs assassins
et clitoridiens !

Elle t'a obligé à renier les créatures de sa race qui ont peuplé ta vie et je suis certain que tu as même dû faire taire ton admiration pour l'actrice ou la chanteuse de tes fantasmes !
Elle t'a conduit à voir, sentir et respirer que par et pour elle !
Et toi, pauvre garçon, pauvre apprenti respirant, pauvre demi-étouffé, toi le presque étranglé, tu n'as rien vu venir, rien compris, tu t'es contenté de subir !
Pauvre disciple gisant au sol, pieds et poings liés par une cordelette de string !

Egon, à peine audible :
J'ai dû enlever mon poster de Vanessa Paradis du salon !
Et de temps en temps elle me menottait pour…

Giacomo, compatissant :
Oui je vois, un psychologue consultant vient d'en parler, mais vous n'écoutiez pas.
Aussi, foin du détail et permettez-moi de le dire en un mot comme en cent et d'ainsi résumer mes propos : salope !
Et de le répéter à l'instar de l'excellent monsieur Gélin dont la vie ne fut pas un long fleuve tranquille.
Puis minaudant et imitant une femme avec une voix de fausset :
Et c'est pas mes seins les plus beaux ?
Et elle baisait mieux que moi, la grognasse d'avant qui encombrait ton plumard ?
Et elle te suçait bien ?
Mieux que moi ?
Et son cul, dis-moi !
Son cul, il était plus joli que le mien ?
Un temps, puis la diction caverneuse :
Et tu as dit oui, disciple !
Tu as dit oui à tout.

Avoue que comme la majorité des hommes, tu as dit oui parce que toi, cœur d'artichaut dépourvu de cerveau, tu pensais sur le coup qu'il valait mieux dire oui !
Parce que sinon le temps allait se couvrir et qu'il ne serait alors plus question de petit coin de paradis sous le coin du parapluie et que le visage de ton ange allait s'évaporer pour laisser la place à celui d'un succube femelle !
Et pourtant, tu sais que le volcan éteint ne rallumera pas ton cierge, que les champs de blé n'influencent pas la météo d'avril et que les perles de pluie venues de pays où il ne pleut pas, ça s'appelle du tapioca !
Et quand elle a fait le tour de toi, qu'elle a décidé de changer de chemin, de cap et de vie, tu as demandé qu'elle ne te quitte pas comme le grand Jacques et tu criais son prénom comme Christophe sur la plage !
Tu as préféré lui dire des mots bleus, des mots de tous les jours, plutôt que la vérité et du coup maintenant c'est toi qui as des bleus à l'âme !
Mais alors, des hématomes comacs !
Énormes comme les seins de Samantha Fox !

Egon,
se jetant à genoux au bas de son pouf :
Oui, j'avoue, c'est ma faute, ma très grande faute !
Je suis un lâche et un opportuniste, un suce moule, une carpette de salle de bains !
J'ai l'âme du bonnet rembourré d'un wonderbra.
Je me déteste !

Giacomo, continuant son inventaire lapidaire :
Ne t'a-t-elle pas dit que tes copains sont des pique-assiettes ?
Que ta mère est insupportable ?

Que tes goûts vestimentaires sont à chier ?
Que l'appartement est trop petit ?
Que tu ne la regardes plus comme avant ?
Que tu ne l'écoutes pas ?

Egon,
las d'entendre ses souffrances débitées en tranches :
Oui, oui, et oui !

Giacomo, monocorde et imperturbable :
Qu'il faut laisser l'argent à la maison !
Que le tabac et l'alcool ce n'est pas bon !
Qu'il faut te laver les mains avant de passer à table !
Que tu as pissé sur la lucarne du chiotte !
Qu'elle a mal à la tête avant de dormir et l'haleine pas fraîche en se réveillant et qu'alors toi et ta bite, vous pouvez repasser en deuxième semaine !
Que la lingerie fine, c'est pour les putes !
Qu'elle n'a pas d'amants parce qu'elle ne te ferait jamais ça !

Egon,
étonné comme une vache devant une brique de lait :
Oui, c'est extraordinaire !
À croire que vous étiez là…

Giacomo toujours en marche,
contrairement au gouvernement :
Et tu as dû te taper toute la belle-famille, en plus !
Toute la formation avec les souliers neufs, et tu ne devais pas faire la gueule, même si tu voyais au bout d'un moment passer des anges avec des oreilles d'éléphants au-dessus de ta tête, tant ils t'emmerdaient ?

Et sa sœur, ingrate et méchante, jalouse et écrasante, qu'elle déteste aimer et qui te pourrit ton samedi soir jusqu'au dimanche matin ?
Et sa mère qu'elle déteste aussi, qu'elle conspue, mais à qui elle téléphone tous les jours pendant deux plombes ?
Et son frère, beauf et bête, jaloux d'elle et jaloux de toi, qu'elle cocole comme un garçonnet tout en l'engueulant sans arrêt ?

Egon, soupçonneux :
Vous la connaissiez ?
C'est ça ?
Elle est sortie avec vous ?
Vous avez eu un truc ensemble ?

Giacomo, navré :
Non, je les connais, elles, et *elle* aussi par conséquent !
Parce que brune, blonde ou rousse, c'est les mêmes !
Et nous, nous les aurons toujours aux burnes avant de l'avoir marron !
Crois-moi, disciple !

Egon, soudain lucide :
Aurais-je été le dupe de ces tours de putes que vous leur imputassiez ?

Giacomo, vraiment navré :
Disciple, vous feriez un excellent coureur cycliste.
Car vous avez pédalé sur un Tourmalet infernal toute votre vie et sans vous occuper de la pointure de vos godasses ni de la marque du vélo !

Egon, songeur :
En fait, les femmes n'aiment pas les hommes…

Elles n'aiment que l'amour, pas le type censé le représenter.
Et peu importe le type d'ailleurs, puisqu'au final, pour reprendre vos termes, Néandertaliens ou Tarzans,
nous sommes tous égaux devant elles !

Giacomo, professoral :
Elles aiment l'idée de l'amour, elles aiment être amoureuses,
mais elles ne le sont que pour se renvoyer une image d'elles-mêmes qui les satisfasse !
Pour s'autocongratuler,
comme un président socialiste normal devant la glace.
Pensez, disciple, que même un con du dernier degré peut réfléchir devant une glace, puisque c'est elle qui fait le boulot.
Ne rêvez pas, disciple, aujourd'hui l'amour ne dure plus trois ans.
Dans la majorité des cas, un trimestre suffit amplement.

Entrée en scène, sous les applaudissements du public, de Jacques le taxidermiste, jovial, rond et bonhomme :

Jacques :
Ah, ça, je suis bien d'accord !

Un homme, petit et gros, aux yeux bleus très vifs, dégarni sur le dessus, qui écoutait depuis un bon moment le maître comme le disciple, tendait une main aux doigts boudinés vers eux. Il poursuivit, toujours jovial et débonnaire :

Jacques :
Bonjour, je m'appelle Jacques, je suis taxidermiste et moi aussi j'ai des choses à dire sur les femmes.

Giacomo, les bras au ciel :
Venez, brave homme, grossir nos rangs !
La révolution est comme une bicyclette, si elle n'avance pas :
elle tombe !

Egon, enthousiaste :
Bravo !
En temps de révolution, qui est neutre est impuissant !
À Hiroshima :
Hiroshima, trois autres pétroléums !
Et que ça saute, volaille !

Hiroshima, le visage dévoré par l'angoisse, des tics nerveux lui secouant le corps :
Oh là là là !
Il en arrive de partout de ces cinglés !
Y a une manif dans l'quartier, ou quoi ?

Giacomo, moqueur :
Mais ma parole, cette petite Geisha de supérette frôle l'orgasme à en ouïr ses vocalises indécentes !

La serveuse rageuse d'un coup, parce que c'en était trop, non, mais alors !
S'adressant à Giacomo haineusement :

Hiroshima, en colère :
Vieux beau !
Salop !
Phallocrate !

Giacomo, surpris :
Et poli en plus, le frelon asiatique !

Jacques le taxidermiste, dodelinant de la tête :
Ah, oui !

Egon, sèchement :
D'autant plus que ce n'est pas commerçant !
Je me plaindrai !
Comment s'appelle votre patron, dinde mal ficelée ?
J'aimerais lui dire deux mots sur la tenue de ce tripot !

**Giacomo,
regardant les trois autres en clignant sadiquement de l'œil,
bien décidé à faire ravaler ses insultes à Hiroshima :**
Laissez, disciple !
Il n'y peut sûrement rien, le pauvre homme !
Celle-ci à mon avis a des ovaires inversés !
Cela ne se lit pas sur le curriculum vitae, pas plus que cela se voit à l'entretien d'embauche !
C'est, voyez-vous Messieurs, un problème de sens de lecture.
Comme pour le japonais !
Les caractères sont à l'envers !
Pour faire simple, disons qu'elle est mal branlée, quoi…

Egon, prenant la balle au bond :
Oui, un léger, mais handicapant déséquilibre qui pourrait…

Giacomo, un sourire fin sur les lèvres, poursuivant la phrase de son complice :
Toucher l'hypophyse par un phénomène de résonnance très con…

**Jacques le taxidermiste,
comprenant soudainement qu'ici, on joue à faire peur à
la biche de café aux couettes bêtes :**
Et ainsi déséquilibrer le règlement hormonal, comme y disent
à la télé…

Egon, lobant la balle :
Qui dans le cas présent est déjà très certainement douteux…
Avec des retards odorants, nauséabonds et visqueux…

Giacomo, contenant son rire :
Les humeurs à blanc !

Jacques, pouffant :
Le string qui gratte !

Hiroshima, sanglotant :
Salops !

Egon, tirant au but :
Oh, la pauvre créature ne connaît qu'un bon mot !
Cessons là, Messieurs, elle se couche !

Les trois hommes éclatèrent de rire, ce qui de vous à moi n'est pas très original, mais ça vaut mieux que d'éclater tout court, car comme disait un fabriquant d'obus que j'ai bien connu du côté de Metz :
« Quand ça pète, ça pète ! »

Ce qu'ils ne savaient pas, c'est qu'Hiroshima souffrait d'hypocondriaquie tapageuse à caractère sale, maladie très rare, aux conséquences inavouables, et que leur moquerie aura pour eux par la suite des conséquences fâcheuses !

***

Note de l'éditeur :
Ce passage est écœurant. On frise le passage en commission de censure, mais l'auteur ne veut rien savoir ! Il ne veut pas couper son texte ! Pour diffuser ça sur Amazone, c'est mort ! Il nous prive de ventes, là ! Con d'auteur !

Note de la direction du théâtre :
Ça m'ennuie de l'avouer, mais je suis forcé de reconnaître que je suis assez d'accord avec l'auteur. Pour moi, les femmes en général n'ont rien de franchement sexuel, car le sexe est pour elles ce que la propagande est aux dictatures. Une arme.

***

Les trois hommes se remettent de leur fou rire. Ils attendent naïvement leurs pétroléums. Qui n'arrive pas !

Jacques le taxidermiste, la fraise au vent :
Il flotte dans l'air une drôle d'odeur.
J'ai empaillé un âne qui sentait un peu comme ça, il y a longtemps, à mes débuts...
Mais on dirait quand même que ça sent moins que tout à l'heure...

Egon De Housse, rouge de confusion, regretta sincèrement à cet instant son emportement contre Giacomo plus tôt. C'était d'ailleurs pour lui la seule façon de ne plus sentir du pied et ainsi d'arrêter le processus chimique et guerrier. Lui qui était un pacifiste dans l'âme...

Être obligé de se manifester ainsi pour se défendre, si ce n'est pas malheureux, cela en prend le chemin. Enfin, que voulez-vous, on ne choisit pas ses dons !

Egon pensait aussi à sa maman.

Le sociétaire avait jeté le trouble dans son esprit, et il commençait à regretter le robot multifonction qu'il avait offert à sa mère pour la fête du même nom. Appareil ruineux et à crédit. L'année dernière, c'était des soins de boue parfumée aux salicornes des marais salants de Guérande, en thalasso, à Carnac. Il s'était tellement ennuyé pendant le séjour qu'il avait compté les menhirs alignés pour comparer le chiffre avancé par le prospectus de l'office du tourisme avec son résultat. À bien y réfléchir, le sociétaire avait raison, il n'était qu'une truffe.

Mais pour l'heure, si les pétroléums n'arrivent pas sur leur table, c'est qu'Hiroshima se dirige vers les toilettes, une serviette à carreaux rouges nouée autour du cou, une assiette en porcelaine blanche dans une main, une fourchette et un couteau dans l'autre main.

Ainsi s'achève le premier acte de cette comédie. Vous disposez de dix minutes environ, le temps nécessaire aux annonceurs qui seraient tentés de se retirer de la production, pour relire leurs contrats, judicieusement blindés par la direction et par l'éditeur.

Acte 2

ou

Deuxième partie

Acte 2
Scène 1, chapitre 7

Les personnages :
- **Egon De Housse,** disciple épaté.
- **Giacomo,** vieux beau.
- **La serveuse,** dite Hiroshima mon amour, fille perdue.
- **Les petites cuillères,** de porcelaine rouge.
- **De la porcelaine,** à dos de chameau.
- **Un tourbillon,** australien.
- **Jacques le taxidermiste,** candide.
- **Des putes,** pour mater.
- **La sucette,** à Annie.
- **Un minet,** à la Madeleine.
- **Leopold,** académicien.
- **Un trente-huit tonnes,** garé.
- **Marat,** avec sa Charlotte.
- **Adolf,** rasé.
- **Un tigremouth,** en peau.
- **Un Néandertalien,** de base.
- **Un Kinder,** outragé.
- **Pierre Perret,** censuré.
- **Tournez manège,** l'émission.
- **Un mannequin,** italien.
- **Lucie,** première emmerdeuse reconnue.

Appel.
Le bâton frappe des coups rapides sur le plancher de la scène.
Les spectateurs font silence.
Le bâton frappe les trois coups solennels.
Un.
Deux.
Trois.
Glissement magistral de l'épaisse étoffe rouge du rideau.
Applaudissements chaleureux.

Le deuxième acte s'ouvre peu après l'arrivée du personnage atypique de Jacques le taxidermiste, qui s'assoit à la table de nos deux compères pour débattre avec eux sur le vaste thème de « la femme ».

Il n'est ni érudit comme Giacomo, ni éduqué comme Egon. Il balance entre deux âges, celui d'Egon et celui du sociétaire.

Non pas que son physique soit repoussant, mais très commun. Il ressemblerait un peu, pour en faire le portrait rapide, au regretté Jacques Villeret. Jusque dans la voix. Et la gestuelle.

Jacques le taxidermiste est un brave artisan sans prétention, au franc-parler. Avec tout ce que la formule comporte de positif. C'est aussi un homme en recherche de compagnie, mais aussi curieux de nature. C'est donc tout naturellement qu'il a rejoint nos deux orateurs.

Jacques, Giacomo et Egon sont tous les trois assis à table. Hiroshima apporte enfin de nouveaux pétroléums, les mains tremblantes. La pauvre fille retient sa respiration en posant les soucoupes sur le plateau du petit guéridon.

Elle s'abstrait autant qu'elle le peut de la situation. Elle pense. Elle se redit qu'elle aurait dû écouter sa mère et sa tante Agathe qui disaient toutes deux :

« Un bar, même un bar qui sert des pétroléums, n'est pas un lieu convenable pour une jeune fille. Et puis les millionnaires sont dans des clubs privés, pas dans des bistrots, ma pauvre chérie ! La nature t'a pourvue des appâts nécessaires pour la chasse au gros, c'est quand même dommage de te gâcher avec de la friture. »

Jacques le taxidermiste est gentil avec Hiroshima. Gentil et poli. Elle ne le remarque même pas. Il faut dire qu'il n'est pas beau, pas grand et pas sexy. Devant ce fait, Giacomo et Egon restent muets de colère.

La petite cuillère de porcelaine rouge d'Egon, tuée plus tôt pour l'honneur et la discrétion, est devenue toute molle. Il en profite pour en réclamer une autre. Parce qu'avec celle qui est molle, ce n'est pas facile de remuer le liquide.

La nouvelle petite cuillère de porcelaine rouge que lui amène Hiroshima en grognant est armée d'une structure métallique, ce qui est plus solide, mais plus lourd aussi. La porcelaine armée est un brevet industriel déposé en 1876 en Australie, par un transporteur de vaisselle à dos de chameaux qui en avait assez de se faire insulter par ses clients quand justement il livrait cette porcelaine. La nouvelle cuillère semble bien, mais le tourbillon au centre de la tasse de pétroléum ne tourne pas dans le même sens quand il touille, et cela perturbe Egon. Il n'a jamais aimé les tourbillons australiens. Ni ce qui tourne à l'envers.

Le taxidermiste regarde les deux autres, toujours souriant, et légèrement excité. Il dit, joyeusement pour briser la glace :

Jacques le taxidermiste :
Alors les femmes, hein !
Vous êtes experts tous les deux…
Moi avec elles, c'est la ca-tas-tro-phe !

Le drôle disait cela en remuant tranquillement sa cuillère dans la tasse. Les deux autres, Egon et Giacomo se regardèrent, embarrassés.

Giacomo, bonhomme :
Votre humilité vous honore, mais vous devez quand même en avoir sous le pied, Monsieur le modeste !

Jacques le taxidermiste, gêné :
Pas du tout, moi, contrairement à vous, je ne les connais pas intimement…
J'ai jamais été en ménage…
Je n'ai pas d'expérience de la chose…
À part une prostituée par-ci par-là…
Parce que les autres elles me snobent !
C'est pour ça que je me renseigne avec vous.
Il sourit et mesure l'effet de ses paroles en homme rompu à l'art de la présentation des devis aux clients.
Je vous écoute depuis tout à l'heure, et je n'osais pas me mêler… pis je me suis dit : hop !
Je tente.
Comme je dis toujours, si on est refusé, on n'est pas battu, hein ?
Il boit un peu de sa tasse. Puis, il continue :
Je veux vous dire, parce que j'ai peur que ça fasse courant d'air, par rapport aux putes, « les fleurs de bitume » comme vous dites, je ne suis pas expert en botanique non plus.
N'allez pas croire que j'suis accro au cul, hein !
Mais des fois, comme disait le curé, « faut bien que le corps s'exprime ».
Pis des fois encore, j'y vais juste pour mater.
Vous voyez, comment dirais-je, pour m'en souvenir, le soir…
quand je suis seul dans mon plumard…
Pour rêver un peu quoi…

Egon, solennel :
N'ayez crainte, ici, nous ne vous jugerons pas !
Soyez-en assuré !
À part, vers Giacomo, la main en paravent :
Je crois que c'est un pervers, faites attention !

Giacomo, semblant ignorer la recommandation prudente d'Egon :
Certainement !
Nous vous comprenons.
Et nous ne vous jugeons pas.
Si gourgandines il y a, pourquoi l'ignorer ?
Et puis, pour une fois qu'elles font un travail d'intérêt public à tendance masculine...
Nous aurions tort de ne pas en profiter.
Et même tort de le critiquer.
Comme nous aurions tort de ne pas le reconnaître.
Elles sont une sécurité sociale, en quelque sorte, qui contraint le Néandertalien de base à ne pas commettre l'irréparable avec sa voisine de palier ou sa belle-sœur ou sa petite-cousine.
Elles sont utiles au maintien de l'unité des familles.
Et là au moins les choses sont franches.
Puisque le tarif est annoncé avant le service.

Egon :
Et puis, elles sont décoratives, quoique vulgaires.
Elles animent les quais.
Bien que tout cela montre une certaine misère humaine...
Mais que voulez-vous, ne dit-on pas qu'elles ont en commun avec les banquiers de pratiquer le plus vieux métier du monde ?

Jacques, souriant timidement :
Eh bien tant mieux, tant mieux !
J'suis bien content !
J'avais un peu les maquettes, j'avoue !

Giacomo, souriant :
Parlez-nous de vos problèmes maintenant, nous vous écoutons !

Jacques, la tête basse :
Eh bien, en un mot comme sans,
je crois que les femmes ne peuvent pas m'blairer.
Pour moi, le verbe aimer fait défaut.
Et depuis le berceau !

Il sortit ceci comme s'il se libérait d'un énorme poids qui lui pesait sur la poitrine. Comme si avant cela, un semi-remorque de trente-huit tonnes avait stationné sur son thorax et broyé méticuleusement ses côtes en emplissant ses poumons d'un sang épais. Ce qui, sans avoir fait médecine, décrit comme ceci, paraît grave.

Giacomo :
Diantre !

Jacques, hochant la tête :
Si, si, je vous assure !
J'en suis honteux.
Mais c'est la vérité vraie !
Non, mais, voilà, ça s'explique pour moi :
je ne suis pas beau, pas grand et pas fort.
Au temps des Néandertaliens, puisque vous en causiez tout à l'heure entre vous, j'aurais été le mec qui ramasse les fraises.
Pas le chasseur qui se tape le mammouth !
J'aurais été un Cro-Magnon pas sexy quoi...
Avec Lucie, ça aurait été l'auberge du cul tourné !
Les femelles devaient déjà préférer se taper les types sexy avec des peaux de tigremouth sur le cul.

Bronzés et agiles de la massue…
Ce que je suis pas, quoi…

Giacomo :
Qui vous impose cette « maigritude » de la vue,
comme dirait ce bon Léopold ?
Qui vous demande d'être grand, d'être beau, d'être fort et
d'être sexy ?
Les journaux ?
La télévision ?
Votre mère peut-être ?
Ou alors votre corporation ?

Jacques :
Personne et tout le monde en particulier.
C'est dans les mœurs du temps et pis c'est tout.
Pour baiser, faut être chasseur.
Ou beau.
Pas cueilleur.
Même les femmes moches elles pensent pareil que les belles.
J'ai un pote qui est beau, qui a le sourire coquet et qui se
promène en Harley. Eh ben, il baise tout le temps !
Moi, j'suis moche et j'ai un Kangoo, alors…

Egon, moqueur :
Oui je vois ce que vous voulez dire : vous ne risquez pas
d'offrir une sucette à Annie au drugstore…
Ni de rouler en Ferrari à la plage comme à la ville…

Giacomo, renchérissant :
Ou d'être un type du genre qui épouse à la Madeleine…

Egon :
Je suis assez en phase avec notre ami, ceci dit.
Aujourd'hui, pour draguer dans l'efficace, il faut avoir des raquettes de tennis dans le coffre du cabriolet à la mode, bien rangées à côté des clubs de golf, près de la valise à pique-nique de chez Tiffany.

Giacomo :
Oui je vois ce que vous voulez dire, disciple !
Puisque je m'enrhume fréquemment dans l'air du temps, entre deux éternuements, j'observe.
J'ai remarqué que les choses se passaient assez bien pour le minet fabriqué sur mesure qui aime l'opéra autant que la boxe…
Qui a un « crac boum huuuu » de tous les diables,
mais qui affiche une fidélité qui paraît à toute épreuve envers sa conquête, malgré les copines de madame
qui louchent sur lui
et qui le provoquent à coup de décolletés
et de croisements hauts de la cuisse.

Egon, blasé :
Voilà !
Et qui sent le musc sauvage de chez Dior,
quand il transpire des dessous de bras !
Ouais, ouais…

Giacomo, las :
Qui est un peu enfant, surprenant parfois et un peu fou, mais dans le modéré…
Mais tellement fort et sage, intelligent et drôle quand il le faut !
Qui parle couramment neuf langues
et qui est champion du monde de tango argentin.

Jacques, soupirant :
Oui, voilà, enfin tous ces trucs que je ne suis pas !

Giacomo, sérieux :
Mais j'en reviens à ma première question, qui vous impose ça ?

Jacques :
Ben, les gens, la société…

Giacomo, hargneux :
Non, c'est elles !
Les gens : c'est elles !

Jacques, qui n'avait jamais envisagé les choses sous cet angle :
Ho ?

Giacomo, instruisant :
Ce sont bien elles qui fixent les critères de sélections dans l'industrie du spectacle comme de la mode, non ?
Pourtant, faites un sondage d'opinion non téléguidé par un magazine féminin et « tendance » et vous apprendrez que neuf hommes sur dix n'aiment pas les femmes trop sophistiquées ou trop maigres.
Mais elles s'en tapent !
Elles veulent toutes être sophistiquées et maigres.
Et jeunes et riches et oisives et sexy et reconnues et indépendantes et aimées, et cetera !
Sans parler du fait qu'elles refusent de vieillir
et qu'elles ruinent les ménages en crème anti-âge.

Jacques, surpris comme un Kinder à qui on a beurré la capsule :
C'est à cause d'elles tout ça ?
Ce n'est pas l'époque qui veut ça ?

Giacomo, avec force :
L'époque, c'est elles.
Elles ont pris le pouvoir !
La forêt, l'imprimeur et la rotative !
Elles ont bouffé les couilles du journaliste en salade
et c'est elles qui parlent dans le micro du reporter !
Elles sont l'opinion.
Et hélas, et c'est là qu'est l'os,
elles nous envoient brouter dans le cosmos
avec leurs concepts empruntés dans leur pathos !

Egon :
Elles ont voulu le pouvoir et elles l'ont !
L'histoire nous a enseigné, et bien avant que Marat ne prenne son bain, que derrière chaque grand homme, il y a l'ombre assassine d'une femme qui joue avec sa lumière !
Même pour Adolf, je suis sûr qu'Éva Braun était rasoir au possible !
D'ailleurs, je ne serais pas surpris qu'elle ait inspiré le nom de la marque !

Jacques, passionné :
Ah dites donc !

Giacomo :
L'utiliseront-elles mieux que nous, ce pouvoir ?
Je vous le demande, Messieurs !

(Un temps)
Vous croyez qu'elles feront mieux que nous ?
Que la planète s'en sortira mieux ?
Que le fait d'accoucher les rend plus humaines,
plus nobles et plus sages que nous, puisque c'est l'argument
que l'on nous sert à longueur de temps !
Les deux autres attendent la suite, suspendus à ses lèvres. Le sociétaire termine son pétroléum sans se presser, puis dit :
Eh bien, la réponse est non !
Samson s'est fait raser le poil.
Adam s'est cassé les dents sur une pomme farcie aux graviers
et tendue par une main perverse et vernie aux ongles !
Elles sont partout où le pouvoir siège !
Dans les monarchies, dans les principautés, dans les empires et
dans les républiques comme dans les dictatures !
Regardez un peu du côté de chez nous, sous Clemenceau, elles
ont même tué un président.
Et madame de Gaulle qui a fait censurer le zizi de
Pierre Perret !
Et plus proche de nous, l'Italienne qui nous a vendu ses
disques de force !
Quant à notre président normal, alors là… c'était
Tournez manège à l'Élysée !
Par pudeur, je passe sur le nouveau.
Mon éditeur s'en méfie.

Jacques, convaincu :
Nous sommes foutus !

Les trois hommes se regardaient consternés, figés, leurs petites cuillères de porcelaine rouge à la main. Les haut-parleurs de la brasserie diffusaient par une extraordinaire coïncidence, la sonnerie au mort en hommage et pour l'anniversaire du parti socialiste français qui a quand même permis à la bande FM d'exister.

Je vous propose de faire tomber un voile pudique sur cette scène déchirante et signifier au spectateur averti comme au lecteur complice, le respect qu'il va de soi de matérialiser à l'aide de la page blanche qui va suivre.

Acte 2
Scène 2, chapitre 8

Les acteurs :
- **Egon De Housse,** disciple en progrès.
- **Giacomo,** sociétaire progressiste.
- **La serveuse,** dite Hiroshima mon amour.
- **Les petites cuillères,** de porcelaine rouge.
- **Jacques le taxidermiste,** surpris par le progrès.
- **Dieu.**
- **Dieux.**
- **Delacroix,** pour l'imprimerie nationale.
- **Des députés,** en cortège.
- **Une dictature,** féministe.
- **Le jeune sans le son,** acnéique.
- **Des nibards,** de femen.
- **Une blonde,** potiche.
- **Une brune,** piquante.
- **Des corps,** de métiers.
- **Dalila l'infidèle,** entreprenante adolescente.
- **Tintin,** en fin de phrase. Ou pas.
- **Robert,** plombier.
- **Bourg-la-Reine,** dans les Hauts-de-Seine.
- **Un nez,** chez Dior.
- **Un ami,** disparu.

Même tableau, si ce n'est que les trois drôles ont enlevé leurs manteaux. La radio a repris ses diffusions habituelles, là, par exemple, on entend les petits chanteurs de la croix de bois.

Cette scène étant très difficile par le poids de sa charge émotive, vous comprendrez bien qu'il est plus convenable de rester pudique que de s'étaler grassement en considérations oiseuses.

Aussi, allons à l'essentiel !

Pour tout préambule ceci : ils reprennent tous les trois la conversation où elle s'était arrêtée, figés dans la stupeur qu'ils étaient.

Egon, reprends la balle sur un ton autoritaire :
Reprenons le pouvoir !
Il est plus que temps de sortir de nos heures d'hiver et de remettre les pendules à l'heure !

Jacques, enrôlé et convaincu :
Battons-nous et boutons la femelle hors de nos frontières !
À bas la dictature féministe !

Egon, vindicatif :
Armons-nous !
Levons le siège et n'abaissons pas la lunette !

Jacques, le poing fermé :
Courons dans la rue et sautons sur les CRS les couilles à l'air !
Ça les changera des nibards des femen !

Egon, posant pour Delacroix :
Rédigeons nos doléances !
Élisons nos députés, et qu'ils montent pour Paris en cortège !

**Jacques, le poing toujours fermé,
mais maintenant avec le bras levé :**
Créons une brigade territoriale leur interdisant l'accès aux bars et aux stades, aux barbiers et aux concessions automobiles !
Reprenons de force le pouvoir dans nos bistrots et nos charcuteries !
Brûlons les magasins bio, foutons en l'air les étalages de légumes des marchés !

Egon, survolté :
Finissons-en avec la parité !
Vive la nullité de la parité !
À bas les urnes !

Jacques, les deux poings fermés, les coudes au ventre :
Faisons de Bourg-la-Reine notre nouvelle capitale !

Giacomo, immobile comme un flic français en uniforme devant un dealer grand, balaise et afro-américain, jusqu'ici ne dit rien. Il écoute patiemment ses deux compères égrainer dans le vide d'air de la brasserie, leurs propos révolutionnaires. Il les coupe, saoulé d'entendre tout ça :

Giacomo, sentencieux :
Trop tard !
En vérité mes frères, je vous le dis mes frères : elles sont partout !
Elles ont infiltré chaque rouage de notre ancienne et merveilleuse société phallocratique.
Elles ont pollué nos croyances et abrogé nos anciennes lois.
Elles ont postulé et ont gangrené par le fait, le moindre emploi viril, et ce jusque chez les sous-mariniers !

Aujourd'hui, elles sont capables de tout, même de délaisser leurs progénitures pour faire ce qu'elles appellent « carrière » ! Nos grand-mères sont mortes et nos filles dansent sur leurs tombes, Messieurs !

Jacques :
Quelle horreur !

Giacomo, grinçant :
Gendarmes, flics et militaires, tous ont accepté les femelles en leurs rangs...
Même les routiers...
Pompiers et médecins...
Juges et avocats...

Egon, révolté :
Je lisais, pas plus tard qu'hier, que l'homme qui divorce est sept fois sur dix privé de ses enfants à vie.
C'est une abomination...

Jacques, comptant sur ses doigts :
Fonctionnaires et artisans...

Giacomo, navré :
Partout, partout vous dis-je !
Elles sont partout !
À dicter, à contrôler...

Le sociétaire marque un temps. Il paraît triste comme un boulon (ce qui est l'exact contraire de gai comme un pinson). Pourtant, puisant sa force on ne sait où, il continue à peindre la fresque de cette fin du monde annoncée :

À soumettre, à obliger…
Elles sont les lois.
Et elles ne nous laissent pas plus nous retirer dignement !
Le mot homme lui-même est devenu synonyme de scandale.
De tribunal.
D'opprobre !
Elles imposent leurs visions du monde sans laisser à l'homme le temps d'essayer de la regarder !

Jacques :
Et elles ne respectent pas le goût des autres en plus !
Tenez, un exemple : j'ai un métier qui fait peur aux femmes.
Elles trouvent ça, soit glauque, soit sale, soit bizarre !
Et je ne parle pas de celles qui pensent que je suis un peu dérangé du bocal, ou sadique sur les bords, voire que je suis la réincarnation de l'étrangleur de Boston ou encore que je sens le formol jusqu'au calcif…
Ou que j'joue à la belote avec Jack l'Éventreur et Landru en surveillant la cuisson de la dernière bonne femme que j'ai assassinée !
C'est pourtant ma passion, ce métier !
Ce n'est pas plus con que d'être nez chez Dior et de respirer des flacons à longueur de journée !
Elles devraient me respecter tout autant, non ?

Giacomo, ému :
Exactement !
Vous soulagez la peine de bien des gens en prolongeant l'image de leurs chers disparus à poils ou à plumes.
Vous aidez à l'observation scientifique de nos chercheurs en naturalisant ainsi les créations de monsieur nature, qui

inévitablement partiraient dans les méandres scabreux de la mémoire !
Oui, je dis bien « monsieur », parce que féminiser le mot « nature » serait mentir : Dieu est un homme, et la nature c'est Dieu.
La preuve est à Rome.
Point final.
Le pape a raison.

Jacques, l'œil brillant et reconnaissant :
Merci, merci mes amis !

Giacomo, parlant comme un ministre remettant une décoration :
Vous êtes un bienfaiteur !
Vous êtes mâle et gardien du temple de l'artisanat pour nous les hommes, alors, accepte ceci, toi Jacques le taxidermiste, toi qui…

**Jacques,
inquiet, le coupant dans son élan :**
Oui, euh, enfin…
Mollo, mollo, quand même !
Je n'empaille pas de résistants ou d'écrivains morts !
Moi je fais juste des hiboux, des chiens, des chats et des fois des belettes et des tortues d'eau douce !

Giacomo, vexé :
Mais justement, vous faites partie de la première entreprise de France !
Et elles crachent dans la soupe, ces harpies ?
Vous participez aux milliards engrangés par notre État gourmand au fil des ans,

vous le cotisant, vous le pourvoyeur de charges et d'impôts !
Et vous n'êtes pas considéré par celles-là même qui usent et
abusent de la position sociale et financière de l'homme ?
C'est scandaleux.

Egon :
Et puis, je suis persuadé que celles qui vous dénigrent si
allègrement sont en réalité vos principales clientes !
Qui, j'en suis certain, font appel à vos talents en espérant
apprendre votre art par l'observation du résultat sur l'animal
qui vous est confié, dans le fantasme inavouable et coupable
d'espérer en faire de même un jour, avec la tête de leurs
amants ou de leurs maris !

Jacques, soudain plein d'espoir :
Oui, c'est pourtant vrai !
Vous êtes un collègue ?

Les trois hommes s'arrêtèrent un instant de deviser, en entendant le petit couple d'adolescents installé à la table voisine se chamailler à propos d'une soirée où « elle » voulait se rendre et où « il » ne le souhaitait pas.

Ce disant, la jeune fille laissait entendre insidieusement pour le témoin averti qu'un autre mâle, qui serait visiblement présent à cette soirée, ne la laissait pas indifférente et qu'elle avait besoin de la présence de son accompagnateur actuel pour s'infiltrer dans le lieu de ces agapes adolescentes pour lui être présentée en bonne et due forme.

Sous l'argument on ne peut plus foireux, qu'une de ses amies proches désirait, comme par hasard, entrer « aussi » en contact avec le bel étalon susnommé, dans le but de le séduire et qu'elle, en tant que bonne amie et victime de sa générosité, elle se faisait un devoir d'honorer sa promesse de l'aider à concrétiser la chose.

À bout d'arguments, la jeune fille sanglota devant le refus obstiné de celui qui clairement, apparaissait de plus en plus comme son fiancé du moment. Tout vient à point pour qui sait atteindre...

Le garçon la consola alors, le plus gentiment du monde.

L'homme, même jeune, ne supporte pas les pleurs des femmes.

Que voulez-vous, c'est comme ça !

Les trois hommes secouèrent la tête et poussèrent des soupirs en même temps, ce qui eut pour effet de faire entendre Hiroshima gémir de derrière son comptoir :

Hiroshima mon amour :
Allez, c'est reparti pour un tour !
Entre ses dents :
J'vais l'accrocher, moi, la queue du Mickey, tu vas voir !

Ils la regardèrent tous les trois et ne lui répondirent pas. Giacomo se levant puis se rasseyant en soupirant de nouveau. Jacques, reprenant sa conversation et cherchant une conclusion :

Jacques :
Enfin bref, elles ne m'aiment pas !

Giacomo, intrigant, la main sous le menton :
Gagnez-vous bien votre vie avec ce métier ?

Jacques, souriant :
Oui, on se débrouille, enfin, on fait avec quoi...

Giacomo, de plus en plus intrigant :
Bien, certes, mais comment ?

Jacques sur la défensive :
Bien, quoi !

Giacomo, soupçonneux :
Assez bien pour entretenir sans forfait une jeune et belle blonde,
la vingtaine style mannequin ?
Vous savez ces potiches toutes prêtes à emporter et qui dégagent une forte impression sexuelle même quand elles se mouchent et coûtent une fortune dès qu'elles battent des cils.

Egon, sournois :
Ou bien la jolie brune, un peu plus femme au foyer, mais piquante.
Celle qui vous fera cocu avec votre meilleur ami sur la machine à laver dans votre dressing dernier cri, pas pour vous faire mal, mais uniquement pour le cul !

Jacques, dépité :
La deuxième est plus dans mes moyens, je crois.
Encore que…

Giacomo, triomphant :
Ah !
Vous y mettez valeur à votre jugement !

Egon, souriant malicieusement :
Certes !
Vous le féminisez !
Tout doit être plus clair pour vous à présent !

Jacques, perdu :
Ah bon ?

Egon, agacé :
Mais enfin, vous ne comprenez pas que si vous n'étalez pas
des signes de richesse extérieurs, elles ne vous repèreront pas !
Elles continueront à vous ignorer !
La femme est attachée au paraître et la civilisation tout entière
est attachée à montrer ses possessions, justement à cause de
ça !

Giacomo, insistant :
C'est pour ça qu'il est seul, le pauvre homme !
Il est simple et humble.
Et pas du tout démonstratif !

Jacques :
Ah bon ?

Giacomo :
Mais bien sûr !
Il n'y a plus de femmes d'intérieur de nos jours,
mais seulement des femmes d'extérieur !
Elles aiment se montrer et être regardées,
paraître, fanfaronner, s'exhiber, se pavaner et j'en passe !
La maison peut crouler sous les immondices et la poussière,
la seule pièce qu'elles fréquentent assidûment et entretiennent
farouchement,
c'est leur saloperie de dressing aux étagères, porte, portant et
tiroir à crédit !

Jacques, perturbé :
Ah dis donc, ah, dis donc !
Jamais je n'avais vu les choses sous cet angle,
même en faisant le poirier !

Giacomo :
Jacques, avez-vous un meilleur ami ?

Jacques, peiné :
Ben oui, mais il est mort.
Ses parents n'ont pas voulu que je le prépare pour ses funérailles.
Ils avaient peur que je l'empaille.
Ils m'ont fait beaucoup de peine.

Egon, narquois :
Ce n'est pas grave, ce n'est pas indispensable !
La brune piquante trouvera bien son bonheur adultérin quand même.
Avec le plombier ou le livreur de pizzas !

Jacques, outré :
Ah non ! Pas mon plombier, c'est un con !
Le livreur, j'm'en fous !
Mais ce connard de Robert !
Ça non !

Les deux autres ne purent s'empêcher de rire à la réponse du taxidermiste. Bouleversé, Jacques caressait maintenant en silence les oreilles de son berger allemand accrochées à son porte-clefs.

C'est le seul morceau qu'il avait pu sauver de son chien après y avoir mis le feu accidentellement.

À la mort de l'animal, il l'avait empaillé avec amour, mais il l'avait oublié près de la gazinière, et absorbé par un discours de Francis Lalanne à la télévision qui revendiquait être un « gilet jaune », il n'avait pas vu les flammes gagner le poil de la dépouille de la pauvre bête.

Giacomo tentait de voir la petite culotte de la serveuse qui avait repris sa position lascive au comptoir, perchée sur un tabouret de bar. Hiroshima ne le laissait finalement pas indifférent.

Seul Egon éprouvait toujours une aversion physique pour la drôlesse.

Sur la table voisine, le petit couple d'adolescents minaudait, la fille la main dans le pantalon du garçon, les yeux fourbes et le sourire carnassier.

Le garçon tripoté cherchait à dissimuler son trouble en essayant de retrouver mentalement son prénom, son nom et son adresse.

Il ne se rendait pas compte qu'il avait répondu oui à la demande de la jeune tripoteuse de nouille aux œufs et que sa réponse l'amènerait invariablement au statut de cocu.

Acte 2
Scène 3, chapitre 9

Les acteurs :
- **Egon De Housse,** disciple discipliné.
- **Giacomo,** sociétaire perplexe de la comédie française.
- **La serveuse,** dite Hiroshima.
- **Les petites cuillères,** de porcelaine rouge.
- **Jacques le taxidermiste,** brave et honnête artisan.
- **Les banquettes arrière,** des berlines.
- **Rantanplan,** de retour.
- **Jacques Brel,** génie belge.
- **Tintin,** sans Milou.
- **Une Moscovite,** russe.
- **Joséphine,** sans Baschung.
- **Une bigote,** étouffée.
- **Des bonnes sœurs,** de l'assistance publique.
- **Trois curés,** dont un prisonnier.
- **Une braguette,** frontalière.
- **Des oreilles,** de berger allemand.
- **Poutine,** pour un rapprochement franco-russe.

C'est plus calme dans la brasserie. L'heure de l'apéritif est passée. Il n'y a pour ainsi dire personne et en arrière-plan, Hiroshima a retrouvé son tabouret de comptoir. Jacques le taxidermiste regarde fixement Hiroshima. Dans ses yeux gras surnage un désespoir hydrocuté. Voyant cela, et ayant peur qu'il déborde, Egon reprit, la conversation :

Egon :
Et alors, il ne s'est jamais rien passé avec une femme ?
Pas même de légères amourettes ou de brèves rencontres, même par le biais d'une entremetteuse messagerie numérique ?

Jacques :
Non...
Peau de zob !
Tintin !
Oh, j'ai bien essayé de m'inscrire sur les trucs là, les sites de rencontres pour célibataires.

Egon, frisant une moustache fantôme :
Et il n'en est rien ressorti ?
Je veux dire que vous n'avez pas conté fleurette à la page profilée d'une jeune et séduisante célibataire arachnéenne...

Jacques, ennuyé :
Pas vraiment...
Au début, j'avais mis ma photo...
J'avais bien tout rempli les questionnaires et tout et tout...
Mais j'ai effacé parce que le bidule ne trouvait pas de correspondances féminines pour moi, sauf en Afrique centrale.
Ou en Asie du Sud-Est.

Et j'ai peur de l'avion.
Pis ça fait un peu loin pour prendre un café.
Après, pour la photo, vu que la mienne ne marchait pas du tout du tout, j'ai mis la photo d'un pote qui ressemble à Alain Delon.
Mais j'ai dû l'enlever parce que sa copine a fait une scène.
Alors après, j'ai voulu mettre la photo de mon berger allemand.
Il était mignon tout plein.
Mais ils l'ont refusé !
Vous vous rendez compte !
Ils n'aiment pas les bêtes ces gens-là.
Un temps.
Pourtant, j'y ai cru.
Et même après toutes ces gamelles, j'ai essayé d'y croire !
Et même que ça aurait pu se faire, une fois !
Une toute petite petite fois.

Espoirs palpables des deux autres, montant vers le ciel comme un soufflé au fromage réussi.

Jacques, poursuivant tranquillement :
Mais non !

Giacomo, persévérant :
Expliquez-vous quand même !

Jacques :
Non, non…
C'est pas intéressant.

Egon, curieux :
Dites quand même, nous verrons bien de nous-mêmes !

Jacques :
Bon...
Elle était russe, une Moscovite même...
Et elle voulait me rencontrer d'abord pour m'épouser plus tard ici.
Là-bas, chez elle, chez l'Poutine, vous vous rendez compte !?
C'est flatteur quand même !
Mais, pu répondu parce que j'ai peur de l'avion.
J'ai la phobie de ces saloperies de cercueils en tôle blanche.
Et pis y avait une grève des trains et la guerre entre Moscou et Berlin sur BFM.
Et comme elle était pressée qu'on se rencontre,
elle voulait que je vienne à Moscou en avion !
Et l'avion, ça, non !
Impossible.
Rien que de prononcer le mot, j'ai les oreilles qui bourdonnent.
C'est con, hein !
Elle avait l'air sympa, mais je dois avouer que je ne pigeais pas toujours ce qu'elle disait.

Giacomo, sévère :
Un bel exemple d'escroquerie, que ces femmes de l'Est qui se vendent pour des idées proxénètes aux vitrines de l'Occident !
Pour Cacharel, pour Dior, pour BMW, pour LVMH et consorts !
Ah, la France !
La France et son luxe tapageur !
La France et sa Française,
femme libre et sans-culotte, désirée dans le monde entier !
La Française, réputée pour ses frasques sexuelles et ses amants millionnaires en embuscade et en caleçon dans les placards des chambres d'hôtel des palaces parisiens !

Jacques :
Non, non !
Elle voulait m'épouser !
Elle a jamais parlé de palace…
Elle voulait aussi des enfants et vite ; dans les deux ans !
Ça, elle insistait, c'était im-pé-ra-tif !
Des chiards oui, mais dans les deux premières années après le mariage !
Vous dire si c'était une femme de bonne moralité !

Giacomo :
Avec une belle-famille au comportement de souteneur corse que vous auriez vue débarquer chez vous dans les 48 heures après le passage du fonctionnaire du ministère
de l'Immigration,
et vous qui n'aimez pas voler, vous l'auriez été !

Jacques, surpris :
Mais non, je vous dis…
Elle était orpheline.

Giacomo, dépité :
Faites un effort, mon vieux !
Essayez de n'être stupide que douze heures par jour !
Faites un mi-temps, c'est déjà bien !
Vous n'arrivez déjà pas à rencarder une femme qui parle votre langue pour prendre ne serait-ce qu'un café en ville, alors une Russe pour des épousailles, et par correspondance en plus,
laissez-moi rire !
Cela dit, si ça vous tente, j'ai ouï dire qu'il y avait les mêmes arnaques qui se pratiquent avec de l'Asiatique et de l'Africaine !

Non, parlez-nous d'autre chose, d'une vraie histoire, laissons de côté les pérégrinations informatiques et les intrigues à la docteur Jivago, pour nous concentrer sur la vraie vie.

Jacques le taxidermiste hausse les épaules et est tout de même un peu vexé de s'être fait rembarrer par le sociétaire. Mais comme vous le savez, bon homme, peu porté sur le conflit et préférant faire le canard, il cherchait tout de même un exemple dans ses archives personnelles, une histoire ou un début d'histoire, enfin quelque chose qui calerait l'appétit des deux autres. Il sourit et dit :
>Il y a bien eu le soir du CAP !

Les deux acolytes en cœur et Egon de reprendre :
>Ahhhh !
>Voilà, enfin nous y venons !

Jacques, heureux de sa trouvaille et en rajoutant :
>Oh là là làlà !
>Un grand moment.
>Vous pensez !
>Oh là là là làlà !

Giacomo, méfiant :
>Conclu ?

Jacques le taxidermiste, secouant la tête :
>Non !
>J'ai repiqué mon examen l'année suivante.

Hiroshima, depuis son tabouret au comptoir, qui s'ennuyait ferme à cause du manque de clients, ne perdait pas une miette de la conversation des trois drôles. Elle ne put s'empêcher de commenter après avoir éclaté de rire :

Hiroshima
La pauvre petite chose difforme !
C'est mignon d'être con à ce point-là.
On a envie de lui acheter un Bonsaï et de le laisser courir autour !

Giacomo, outré :
Vous, la Japoniaise déniaisée avant l'heure légale,
à vos torchons, femelle tentatrice et veule !
Occupez-vous de vos instruments de ménage et foutez-nous la paix !

Hiroshima haussa les épaules et pivota sur le tabouret en écartant ostensiblement les cuisses, laissant aux convives de cette table une vue pour le moins étoffée.

Egon, sarcastique :
Tiens, celle-ci est appâtée, Monsieur Jacques,
mais ça ne va pas, elle est blonde !

Jacques, déçu :
Ah bon ?

Giacomo, serein :
Oui, et puis c'est la catégorie en dessous,
celle-ci n'est pas grand sport !
On voit déjà sur le haut de sa cuisse les prémices d'une cellulite qui sera bientôt ravageuse.

Tout comme le crapaud dans l'eau-de-vie, la pauvre enfant ne saurait tarder à gonfler !
Et puis, vous savez ce qu'on dit des modèles japonais qui ont trop de kilomètres, n'est-ce pas ?

Jacques :
Non, qu'est-ce qu'on en dit ?

Giacomo :
Qu'il est difficile de se procurer les pièces en cas de panne !
Non, suivez mon conseil, préférez donc un autre modèle.

Egon :
Mais pour en revenir au sujet, elles n'ont donc pas été conclues ces amourettes de fin d'études ?

Jacques, gêné qu'on revienne sur le sujet :
Ben, euh !
Non…
À vrai dire…
Pas vraiment.

Giacomo, insistant :
Alors ?

Jacques, embêté :
Alors, quoi ?

Giacomo, énervé :
La cause, la raison et l'effet de ces insuccès !
Développez donc, cher ami !

Jacques :
Voilà, voilà.
Mais c'est le début d'une longue histoire parce que c'est depuis que je m'intéresse aux filles et qu'elles ne veulent pas de moi.
Mais si je veux raconter, il vaudrait mieux que je commence par le début.
Je n'ai jamais connu ma mère,
et c'est historiquement parlant,
la première femme qui n'a pas voulu de moi.
D'ailleurs, si je m'appelle Jacques,
c'est à cause de Brel, enfin pour dire : la bonne sœur qui m'a recueilli à l'orphelinat était dingue de Jacques Brel !
Et comme elle m'a trouvé sur les marches du perron de l'église tout bébé et que je n'avais pas de nom, en fait, à cause cette pingouine, je m'appelle Jacques Jacques.
D'où mon surnom : « Jacques deux fois ».
C'est pour ça que je mets mon métier en nom de famille…
Ça fait moins con !
Non ?

Egon, contenant son rire :
Heureusement que vous ne travaillez pas dans la vidange de fosse septique…

Giacomo, coupant Egon :
Marchez mon petit, marchez !

Jacques :
Et à l'assistance à l'époque, on séparait les filles et les garçons.
Sauf pour le catéchisme.
Et ça a duré toute l'école et tout le collège.
Autrement, c'était matin, midi et soir, des garçons.

Rien que des garçons autour de moi…
Il n'y a que la nuit que je pouvais rêver de filles avec de longs
cheveux d'ange et avec des genoux impeccables, sans éraflures.
Parce qu'au catéchisme, elles avaient toutes les genoux rouges !
À cause de l'orphelinat,
je n'ai connu les filles qu'au lycée,
quand j'ai été confié à une famille d'accueil.
Et dans ma famille d'accueil, il n'y avait que des garçons.
Trois.
Ils sont tous devenus curetons et le sont encore.
Sauf un qui est en prison maintenant.
Mais je n'ai pas trop de contacts et je ne sais pas bien pourquoi
il est en taule…

Egon, persifleur :
Je crois deviner pourquoi votre curé est enchristé…

Giacomo, sobre :
N'allons pas nous mettre à dos le clergé, disciple !
Monsieur Jacques, continuez, je vous prie,
ce bouleversant récit de votre vie.

Jacques, auto-ému :
La mère de famille était une grande bigote à lunettes toute
maigre et elle était encore pire que les bonnes sœurs.
Plus vache que les pingouines, !
Je n'avais pas le droit de sortir, ni de téléphoner, ni d'écrire des
lettres.
Alors forcément, ça n'aide pas pour draguer…
Mais quand j'étais en dernière année de CAP, quelques
semaines avant la gratte, la bigote est morte.
D'un coup !
Séchée propre et net !

Egon, pris par l'histoire malgré lui :
Qu'est-ce qu'elle a eu ?
Elle s'est étouffée avec une ostie en carton-pâte,
en pleine messe de Pâques !
C'était affreux, elle était toute bleue !
Un temps.
L'évêque était contrarié !
Ça faisait désordre dans les rangs chrétiens qu'il disait…

Egon, faussement compatissant :
La pauvre femme !
Elle si dévote, prise à la glotte !

Jacques, imperturbable :
Ah oui, ça fait quand même un choc,
surtout que du coup, j'avais plus de piaule moi.
Mais attendez, attendez, j'raconte :
J'ai bien essayé de rattraper le temps perdu avec les filles de ma classe d'abord,
puis ensuite du lycée,
et enfin je ratissais encore plus large,
mais ça ne marchait pas.
Les filles me trouvaient sympathique,
je les faisais rire comme je faisais rire mes copains,
mais ça s'arrêtait là pour moi.
Et pis « femme qui rit à moitié dans ton lit », c'est connu ça !
Et la moitié, ça ne fait pas tout !
Loin de là.
D'autant qu'à l'époque,
j'avais plus de plumard et que je dormais dans le garage…
Un autre temps mort. (Pour rien.)
Vous comprenez,

petit j'étais bouboule et puis en grandissant, pas très grand et
rond.
Alors à l'époque des bals et des banquettes arrière de voitures,
je faisais le guet pour les copains et les copines.
Sur le parking.
Pendant qu'ils…
Enfin, vous voyez, quoi…

Egon, catastrophé :
Mon Dieu !

Giacomo, touché :
Le pauvre homme !

Egon :
Quelle humiliation !

Giacomo, réactif :
Mais enfin, je ne comprends pas,
les filles, ça se monnaie !
Des bas, du chocolat, des bijoux, du shit, des alibis…
Quand on n'a pas le physique, on monnaie !

Jacques, rondement :
Oh si, bien sûr, elles prenaient tout ça !
Mon livret de caisse d'épargne y est passé d'ailleurs !
J'ai travaillé tôt.
Des petits boulots dans les arrière-boutiques du boucher ou
du cordonnier. Quand j'y repense, je préférais encore l'odeur
de la tripe chaude aux fumets des semelles de godasses !
Le truc, c'est que je trimballais tout le temps une des deux
odeurs derrière moi. Elles me suivaient. Un pote me disait

souvent : « Ah, Jacques, te retourne pas y a une odeur qui te suit ». Ou « je t'ai senti venir de loin »… Des conneries comme ça, mais qui me faisaient du tort en société…
Les filles disaient que j'étais leur meilleur copain.
Et qu'elles ne sortaient pas avec leurs copains.
Ça n'allait pas plus loin que la bise et encore, souvent c'était un vent de loin dans le creux de la main.
Certaines remettaient même leurs petites culottes devant moi après vous savez quoi, en sortant de la bagnole…

Giacomo, la larme à l'œil :
Et alors ?
Vous réagissiez comment ?

Jacques, soupirant :
Alors, je passais une cigarette à mon pote par la vitre de la portière…
Et le briquet aussi…
Ce que j'ai pu perdre comme briquets, d'ailleurs…

Egon, plein de compassion :
Le malheureux…

Jacques, sinistre :
Les pestes !
Les chameaux !
Maintenant, je le vois bien, hein !
Je ne suis pas qu'une bonne poire !

Hiroshima, pouffant, portant la main à sa culotte pour prévenir un éventuel débordement :
Pfffff !!!
Le con, hihihihihiiiiiiii !

Maman !
Pipiiiiiiiii !

Jacques, malheureux, la montrant du doigt :
Vous voyez, elle se moque !

Giacomo, tranchant :
Ignorons-la, Messieurs !
C'est certainement une spécialiste de l'arrière des berlines,
cette Joséphine !

Imperturbable, prisonnier de ses souvenirs, Jacques le taxidermiste continuait son horrible récit :

Jacques :
Après, elles disaient tout,
me racontaient tout et elles me posaient des questions aussi
sur les garçons avec qui elles venaient de…
enfin, vous voyez !
(Plus bas.)
Comme si moi je n'en étais pas un !

Giacomo, pâle :
Vous les écoutiez ?

Egon, inquiet :
Vous leur répondiez ?

Jacques, piteux :
Ben oui…
Remarquez, ceci dit en passant,
ce n'est pas toujours les copains les plus vantards qui

assurent le mieux, d'après ce que disent les filles.
Enfin bref, après je n'ai connu que des milieux d'hommes :
l'école de taxidermie, puis l'armée, puis le foyer des jeunes travailleurs et enfin à mon compte depuis 15 ans.
Mais de fil en aiguille et de déceptions en filles,
je me suis réfugié dans le travail.
J'ai le foie fragile, je ne supporte pas bien l'alcool…

Egon, les yeux ronds :
Parce qu'adulte, ça a continué !

Jacques :
Oh là là !
Ne m'en parlez pas !
Toutes, toutes, elles me prennent pour un gentil petit
rondouillard
sans sexe et sans désirs.
C'est comme si je n'avais pas de bite…
Un chérubin comme sur les vieilles tapisseries des vieilles
biques qui ont des appartements qui puent la pisse de chat et
la naphtaline !
Le plus grave, c'est qu'en passant par mes clientes et en allant
jusqu'à ma voisine de palier ou ma boulangère, jamais une
femme ne s'est méfiée de moi, cachée ou ne s'est livrée à me
faire des confidences.

Egon, surpris :
Et jamais vous n'avez trahi cette confiance !

**Jacques le taxidermiste,
fier comme un Premier ministre qui distribue les emplois
fictifs à sa famille le soir de Noël :**
Jamais !

Giacomo, songeur :
Pourquoi ?
Vous pourriez en tirer profit...
C'est idiot de ne pas profiter de ce que la nature vous offre !

Jacques, à voix basse :
Ah non, c'est le seul point qui me relie à elles !
Si je parle, elles ne me parleront plus !

Giacomo, triomphant :
Voilà, disciple ! Sous vos yeux clairs et votre conscience instruite, le syndrome de Rantanplan dans toute sa splendeur !

Egon, aux fraises :
Hein ?
Une hôtesse d'accueil ?
Où ça ?

Giacomo, regardant Jacques dans les yeux :
Vous êtes un suiveur et un annexé, Jacques.
Elles sont les nazies, vous êtes la Pologne
et votre braguette c'est l'Oder-Neisse !
Une ligne imaginaire, un terrain neutre, une auberge suisse pleine d'Espagnoles en chaleur qui se contentent d'aller se refroidir le cul dans la neige entre deux edelweiss plutôt que d'aller vers vous !
Voilà pourquoi vous ne trouvez pas votre Vénus à la fourrure, Monsieur le taxidermiste !
Messieurs, buvons et méditons à cette bien triste histoire et consolons-nous comme nous le pouvons !

Et l'on n'entendit plus à leur table que les petites cuillères de porcelaine rouge remuer le liquide saumâtre dans son aluminium brossé. Egon De Housse avait de la peine pour le taxidermiste, même s'il trouvait bizarres ces deux oreilles de berger allemand accrochées à son porte-clefs posé sur la table.

Ainsi, le sociétaire avait raison, les femmes étaient capables de vous coller des syndromes...

Acte 2
Scène 4, chapitre 10

Les acteurs :
- **Egon De Housse,** jeune disciple sensuel.
- **Giacomo,** acteur.
- **La serveuse,** dite Hiroshima.
- **Les petites cuillères,** de porcelaine rouge.
- **Jacques le taxidermiste.**
- **Bisous-bisous,** le vendeur de roses.
- **Le jeune Samson,** acnéique.
- **Dalila l'infidèle,** raseuse comme Éva Braun.
- **Rantanplan,** comme référence psychiatrique.
- **Des oreillers,** de porcelaine rouge.
- **Un ami,** de papa.
- **Une publicité,** osée.
- **Une dinde,** à fourrer.
- **Goscinny,** maître à penser.
- **Morris,** un type chanceux.

Egon, Jacques et Giacomo buvaient le pétroléum sans parler, perdus dans l'océan salé de leurs pensées un peu vagues...

Jacques se disait que Rantanplan était un personnage très con, mais sympathique. Après tout, Morris ne l'avait pas dessiné pour rien ni maître Goscinny imaginé pour la même raison que Morris ne l'aurait dessiné. Il se comprend.

Egon rêvait « d'elle ». Ou plutôt devrions-nous dire qu'il fantasmait son amour perdu... Il l'imaginait nue, debout au milieu d'une chambre rouge, pivotant doucement d'une fesse sur l'autre, sur l'air langoureux de *La valse à mille temps* de Brel, jouant sensuellement des seins et des hanches avec les ombres et les lumières des lampes en peau de panthère posées comme des grues couronnées sur les chevets aux plateaux en corne de zébu encadrant un lit en aluminium brossé pourvu d'oreillers de porcelaine rouge. (Respirez. Merci de votre aimable collaboration.)

Elle portait des boucles d'oreilles en oreilles de berger allemand, assorties à la couleur fauve de ses talons hauts.

Giacomo déclamait des vers de Ronsard et se demandait ce que pouvait bien être « une vesprée » dans ce poème qui commence par « Mignonne allons voir si la rose » et qui finit par « la vieille à la casse ».

Ils furent dérangés dans leurs respectifs et légitimes vagabondages cérébraux par Bisous-bisous, le vendeur de roses.

Il passa devant eux pour aborder le couple de jeunes de la table voisine, Dalila la bien nommée et son fiancé, Samson. Il dit d'une voix enjouée et rieuse :

Bonjour, bonjour, bisous, bisous, partout, sauf sur l'anous hi hi hi hi hi !
Jeune homme, une rose pour la belle jeune fille ?

Samson :
Non merci, elle n'aime pas les fleurs, je suis désolé.

Bisous-bisous, le vendeur de roses :
Pas belle rose pour belle fille ?

Le jeune acnéique, poli :
Non, vraiment !
Merci bien, Monsieur !

Dalila l'infidèle, la destinatrice de l'intention du vendeur de roses et pour rappel, la compagne du jeune acnéique, fait les gros yeux pour souligner davantage sa position dominante, puisqu'elle est assise :

Dalila :
Il faut vous le dire comment ?
Cassez-vous !
On parle !
Plus bas :
Il nous fait chier celui-là !

Bisous-bisous, le vendeur de roses :
Bonne soirée quand même !
Se retournant et parlant à la cantonade.
Bisous-bisous partout, sauf sur l'anous hi hi hi hi hi !
Belles roses pour beaux messieurs et belles madames !

Le jeune acnéique :
Tu n'en voulais vraiment pas ?

Dalila l'infidèle :
Non, c'est ringard ces roses cons…
C'est un truc de vieux !

Bisous-bisous, arrivant à la table des trois :
Bonjour, bonjour !
Bisous, bisous, partout, sauf sur l'anous hi hi hi hi hi !
Belles roses pour beaux messieurs ?

Egon, charmant :
Oui, volontiers !
Donnez-m'en trois, Monsieur le vendeur !

Bisous-bisous, ravi :
Belles roses fraîches pour beau jeune homme, trois !
La couleur ?

Egon, sur le même ton :
Des blanches !
Le blanc, symbole de virginité et de pureté.
En un mot comme en cent, Messieurs, virilement et dans un
esprit de résistance aux suffragettes, voici les roses de l'amitié !
(Se retournant vers Dalila.)
Puisqu'elles ne veulent plus de la beauté de notre jardin,
candidement offrons-nous des plaisirs solitaires
et dispensons-les de ce qui autrefois les ravissait !

Bisous-bisous :
Trois belles roses pour beau jeune homme,
des blanches, sans les épines, voilà…

Repartant vers une autre table et négligeant le billet que lui tend De Housse.
Bonjour, bonjour !
Bisous, bisous, partout, sauf sur l'anous hi hi hi hi hi !

Egon, surpris, mais distribuant ses fleurs à ses acolytes avec un large sourire :
Voilà une pour chacun…
Pour vous Monsieur le sociétaire, pour vous Monsieur le taxidermiste, à moi…

Les deux émus et surpris, en chœur :
Merci…

**Hiroshima,
faussement attendrie et joignant ses mains en penchant la tête sur le côté à la Dorothée :**
Oh, comme c'est mignon à cet âge-là…

**Dalila,
ricanant méchamment des yeux et des lèvres :**
Ils sont gays, les vieux…
Puis réfléchissant à haute voix sans s'en apercevoir :
Dommage, le jeune est plutôt mignon, j'en ferais bien mon quatre heures !
Et le vieux aux cheveux blancs ressemble à un ami de papa qui m'a…
S'interrompant brusquement, réfléchissant vivement.
Appris à jouer…
Gênée par le regard interrogateur du jeune acnéique.
Aux dames…
Un dimanche…

Cherchant une issue.
Mes parents étaient à la messe et...
Le jeune sans son acnéique se levant de table, les larmes aux yeux...
Mais tu vas où ?
Le jeune Samson, enfilant son par-dessus banlieue chic dignement et sans dire un mot.
Mais enfin, que fais-tu ?
Lui tournant les talons et sortant.
Ah, ben !
D'accord...
Mais...
Mais !
Il se casse cet abruti !

Egon, satisfait, et ignorant superbement Dalila l'infidèle :
Bien fait pour la pisseuse !
Bravo au jeune homme !

Giacomo, ému :
Nous en ferons un comédien ou un auteur, c'est certain !
Il doit s'appeler Jean-Baptiste et porter le nom de Poclain, sans aucun doute !

Jacques, songeur :
Le gars des travaux publics qui fabrique des pelleteuses ?
Quel rapport ?

Giacomo, agacé :
Mais non, le Poclain qui plus tard s'appellera Molière, enfin !

Ce qui est certain, c'est que cette fille qui n'est pas encore une femme,
a déjà fabriqué par sa bêtise et ses inepties rêvasseuses, un bourreau du genre !

Egon :
Et elles l'auront bien cherchée ces bougresses.

Dalila :
Merde !
Comment je vais rentrer, moi, maintenant ?
Je ne vais pas me taper dix bornes à pied, quand même !

Elle noue son écharpe bleue autour de son cou fin et gracile, enfile son trench, met ses délicates petites mains blanches dans des gants de laine roses, et hautaine elle fait deux pas en direction de la table des trois. Elle dit :

Dalila :
L'un de vous deux *(désignant de l'index Egon et Giacomo)* pourrait-il me ramener ?
C'est à vous entendre raconter vos conneries qu'il est parti, ce bolos !

Giacomo, dubitatif :
Décidément, l'effronterie de cette jeunesse ne cesse de me surprendre…

Jacques, vexé de ne pas avoir été désigné de l'index par la demoiselle :
Quel culot !

Egon, suffoqué :
Quelle audace !

Hiroshima, horrifiée :
Pauvre petite !

Giacomo, le terrible :
Sachez, jeune fille,
que nous ne tomberons pas dans le piège grossier de la Lolita
abandonnée, superbement décrit par le sieur Nabokov et le
prince des princes, le maître mélodiste : Gainsbourg.
Certes, vous êtes belle et désirable mon enfant,
oserais-je même dire bandante,
démontable à souhait et j'en passe,
mais vous promettez ce que vous ne donnerez pas !
Aussi, je vous conseille de pratiquer un exercice sain et
excellent pour la santé : la marche à pied !
Ça musclera votre petit cul,
et vous donnera les joues roses.

Dalila l'infidèle, hargneuse :
Vieux beau !
Salop !
Phallocrate !

Giacomo, le regard fou :
Qu'a-t-elle dit ?
Se levant de son pouf, menaçant :
Elle a dit quoi la pisseuse ?

Egon, très timidement :
Vieux beau, je crois…

Jacques, susurrant :
Et salop…
Et phallocrate, je crois !

Giacomo, rageur :
Mais je te pisse à la raie, moi, petite dinde !
Avançant vers elle d'un bond, Dalila reculant d'un pas.
Va donc prendre la température de la Loire pour savoir si tu peux aller chier sur un banc de sable, drôlesse !

Plus rien ne bouge dans la brasserie, sauf les petites cuillères de porcelaine rouge, qui du fond de leurs tasses, sentent qu'un drame se prépare ! Cela se voit aux bulles qui remontent à la surface du pétroléum dans les tasses. On entend aussi le choc sourd du corps d'Hiroshima qui chute sur le plancher de l'arrière-bar, prise qu'elle est par l'émotion.

Deux autres clients, présents depuis un petit moment, sortent en courant, profitant du malaise de la serveuse pour partir sans monnaie débourser. Les autres, au nombre de sept, se taisent et baissent les yeux, gênés et intimidés par l'intensité de l'altercation.

Bisous-bisous reste immobile, une rose à sa main tendue dans le vide. Egon et Jacques restent muets, paralysés par la soudaine et agressive brutalité du sociétaire. Ils n'osent dire mot. Dalila reste impassible. Giacomo la fixe du regard, puis, terrible, les yeux froids comme Margaret la vieille Anglaise aux jarretières en ferraille, il enlève son veston calmement, et commence à retrousser ses manches :

Dalila recule vivement d'un pas en portant ses mains sur ses fesses par réflexe.

Le silence se fit de nouveau et cette fois, même les petites cuillères de porcelaine rouge ne bougeaient plus, pendant qu'un

autre temps mourait dans le silence devenu oppressant de la scène. Pour couper court et éviter le bain de sang, Egon se leva à son tour, se plaça entre Dalila et Giacomo et s'adressa à la jeune fille, tremblante :
Quel âge avez-vous, Mademoiselle ?

Dalila afficha brusquement son plus beau sourire, ses mains abandonnant ses fesses dans un geste lent et équivoque, minauda, un doigt ganté de laine sur les lèvres et dit de sa plus belle voix :
17 ans, bientôt 18.

Egon,
sur un ton très doux, la coupant dans l'exercice de son apostolat de Lolita de brasserie :
Eh bien, c'est à cet âge qu'il faut faire du sport !
Allons, jeune nymphe, la porte est derrière vous, du jarret !

Dalila l'infidèle,
la bouche ronde comme ses yeux :
Oh !

Jacques le taxidermiste,
heureux, imitant la voix d'un père Noël de chez Disney :
Oh, oh, oh !

Egon, toujours sur ce ton très doux et très agaçant tout en la saisissant par le bras durement et l'entraînant vers la sortie :
Partez, petite dinde !
Nous ne te fourrerons pas et nous préférons de toute manière, la farce à la volaille !

Dalila, hurlante :
Mais lâchez-moi gros dégueulasse !
Au viol !
Mon Dieu !
Au secours !

Giacomo, sarcastique :
Il est à la messe avec vos malheureux parents, le Bon Dieu !
Aux autres :
Il n'y a pas de doute, elle a reçu une éducation chrétienne, cette enfant.

Les trois compères, repensant de concert à la messe et à l'ami de papa, hurlèrent de rire. Dalila l'infidèle quitta le bar, sans que l'on sache finalement ce qu'elle aurait pu répondre. Ce qui est dommage, car à cet âge, le nombre de conneries proférées haut et fort est incalculable et relève de l'exploit permanent. C'est un concept centriste fortement à la mode, adopté récemment par le gouvernement. Les trois devisèrent encore un moment, heureux de la farce qu'ils avaient jouée à Dalila.

Hiroshima mon amour se ranimait à coup de petits verres d'eau-de-vie, Bisous-bisous restait interdit, un coude sur le comptoir, son autre bras étant encombré de ses roses.
Les derniers clients sortaient.
Hiroshima, chancelante comme une première communiante sortant du presbytère, baissait au tableau électrique, les lumières une à une.

L'antenniste de la tour de Bretagne se masturbait dans sa tente, affriolé par la dernière publicité pour la lingerie Aubade, affichée en quatre mètres par trois, juste devant son nez. Avec de telles provocations photographiques, il ne faut pas s'étonner qu'il y ait des comportements déviants, aussi !

Les goélands dormaient, ils devaient se reposer, demain, tôt, ils allaient à la plage pêcher des huîtres.

Acte 2
Scène 5, chapitre 11

Les acteurs :
- **Egon De Housse,** disciple progressiste.
- **Giacomo,** sociétaire énervé de la comédie française.
- **La serveuse,** dite Hiroshima mon amour, manga, ou Hiroshima.
- **Les petites cuillères,** de porcelaine rouge.
- **Un préambule déambulant,** plus bas.
- **Jacques le taxidermiste,** homme averti qui en vaut deux.
- **Bisous-bisous,** colporteur d'amour.
- **Grosso et Modo,** en citation.
- **Marguerite,** comptable sèche.
- **Un tee-shirt,** portant un numéro.
- **Jaurès,** assassiné.
- **Jacques Brel,** se demandant pourquoi on a buté Jaurès.
- **Des biquets,** qui ont les miquettes.
- **Des toilettes,** zen.
- **Des roses,** tartes.
- **Des marins,** saouls.
- **Fernandel,** sans Margueritte.
- **Un chalet,** hommovore.
- **Un colporteur,** d'amour.
- **Arlequin** versus **Colombine.**
- **La chute,** de Rome.
- **Le Trianon,** de Marie-Antoinette.

Le préambule à cette scène déambule plus bas. Même tableau, grosso modo, que précédemment.

Préambule :
Nos trois révolutionnaires devisaient ferme sur les jeunes filles de bonne famille et les jeunes femmes en général. Et ce, quelles que soient leurs origines. Ce qui montre bien une certaine ouverture d'esprit et une tolérance admirable, surtout dans le contexte.

Hormis Bisous-bisous et Hiroshima mon amour, il n'y a plus personne dans la brasserie. Cette dernière a les nerfs en bout de course. Elle se demande comment elle pourrait expulser de la brasserie les trois zouaves du fond de la salle, avant qu'ils ne deviennent aussi statiques et indéboulonnables que celui du pont de l'Alma. La police ne répondait pas. Il n'y avait plus personne, plus aucun passage dans la rue. Même l'antenniste dormait. Mais la guêpe asiatique réfléchissait. Il n'était pas dit qu'elle se laisserait abuser par ces trois bourdons.

Jacques :
C'est la première fois qu'un homme m'offre des fleurs…
C'est bizarre, je ne croyais pas, mais ça fait rudement
plaisir !

Giacomo.
Pas à moi, pensez-vous !
Dans le milieu du spectacle, c'est chose courante, les fleurs !
Je dirais même que c'est au nombre de bouquets que l'on mesure le succès… En ça, l'acteur n'a rien à envier à la
jouvencelle.

Jacques :
Mais tout de même, quand on n'a pas l'habitude, c'est touchant !
C'est le beau geste, quoi !

Egon, souriant timidement :
C'est avant tout symbolique... et puis cela nous a permis d'envoyer paître la petite Dalila...

Pendant ce temps, assis au comptoir, Bisous-bisous offre à Hiroshima une belle rose rouge accompagnée d'un baise-main respectueux et d'un « belle rose pour belle fille » enthousiaste.

Hiroshima la prit négligemment par la tige et la jeta sur les étagères derrière le comptoir sans respect pour la délicate fleur de serre, élevée dans la plus pure tradition des chambres froides à 6 degrés Celsius.

Ce geste était de trop pour ce pauvre immigré, gagnant son pain quotidien de manière belle et noble, en comptant sur le trop-plein de monnaie des poches des consommateurs des restaurants et des bars pour nourrir sa famille. Son regard devint aussi noir qu'une orchidée japonaise de concours.

Hiroshima, sèchement :
Encore une...
Se frottant le dessus de la main pour effacer le contact des lèvres de Bisous-bisous sur sa peau.
Vous savez, ce n'est pas la peine de m'en filer une à chaque fois que vous venez faire la quête.
Je fais pas collection !
Et puis les roses, c'est tarte !
J'vous l'ai dit déjà !
Vous êtes pas mon type.

Je ne suis pas la p'tite sœur de l'abbé Pierre.
Sans déconner !
Je baise pas tiers-monde, moi !

Bisous-bisous la regarda droit dans les yeux et lui dit dans un français impeccable et sans accent :

Bisous-bisous :
La connasse, elle est très baisable, mais pas aimable, alors !
Pour se faire pardonner, elle va faire son travail : elle va me servir une bière pression et elle va me sourire et dire merci quand je paye.

Surprise, car jusqu'ici cet homme qu'elle traitait et regardait comme s'il s'agissait d'un insecte ne s'était jamais rebiffé, Hiroshima s'exécuta en reniflant. Elle se disait que non seulement sa mère et tante Agathe avaient raison, mais aussi que ce n'était pas sa soirée...

Vraiment pas !

Elle aurait aimé le virer avec les trois autres, mais Bisous-bisous, tout le monde le savait, était autant ami avec la police qu'avec la pègre nantaise et il informait son patron sur les consommateurs qu'ils ne connaissaient pas et qui prenaient table dans l'établissement.

Ce qui était utile pour débusquer le faisan, le fou, le dealer, la prostituée ou l'alcoolique, bref, tous ces gens qui mettaient en péril le bon fonctionnement de la brasserie, tant au niveau du service qu'au niveau administratif.

Car aujourd'hui, c'est prouvé : il faut être prudent en toutes choses.

Nous avons bien vu dernièrement que les gouvernements passent et les brasseries trépassent.

Contrairement à autrefois où on se contentait d'assassiner des politiques à leur table, sans pour autant faire le masque et en laissant Jacques Brel en faire une chanson comme la Première Guerre mondiale s'installer au moment des faits.

Entendant ceci, les trois compères invitèrent joyeusement Bisous-bisous à leur table. Un quatrième relancera le débat ! Car il est vrai qu'aucune opinion n'est à négliger !

Giacomo :
Venez, brave commerçant ambulant !
Venez vous joindre à nous, nous vous offrons le verre de l'amitié.

Jacques :
Hiroshima, quatre bières pression et fissa-fissa !

**Giacomo,
en messe basse à l'oreille de monsieur de Housse, en montrant du menton Jacques le taxidermiste :**
Il progresse vite, vous ne trouvez pas ?

Bisous-bisous, méfiant :
Por qué vous mé invitez, patrone ?

Egon, tendant le bras vers Bisous-bisous :
Pour nous instruire sur le prétendument beau sexe !
Pour entendre votre version !

**Bisous-bisous,
se retournant vers la serveuse et abaissant un pouce impérial vers le bas, comme César au cirque :**
Beau sexe ?
Prout !

Cette répartie extraordinaire lui valut les applaudissements des trois hommes et c'est dans un joyeux brouhaha qu'il s'installa à la table des irréductibles.

Hiroshima apporta quatre bières, sans dire un mot. Elle ne pipa pas. Pour cette fois et vu l'heure avancée, c'était un score.

Les trois tasses en aluminium brossé repartirent sur le plateau de la serveuse, malgré les protestations des petites cuillères de porcelaine rouge qui voulaient entendre la fin de l'histoire. Egon qui les entendait fit semblant de rien. Il siffla l'air de *La java bleue* très fort pour couvrir le chahut de la porcelaine. Il ne savait toujours pas si Giacomo avait la même faculté que lui, ou si les petites cuillères de porcelaine rouge cherchaient à trahir son secret.

Bisous-bisous, Giacomo et Jacques le regardèrent tout d'abord comme une bête curieuse, puis croyant qu'il faisait ça par convivialité et esprit de fête, ils se mirent à siffler *La java bleue* puis à la chanter du haut de leurs poufs. Ce qui devint très vite monotone, car aucun d'entre eux ne connaissait les paroles des couplets.

Hiroshima alla se réfugier dans les toilettes du bar pour ne plus les entendre. Et pour vomir son trop-plein de cognac. Elle avait décidé de reprendre les choses en main. Et, elle avait besoin d'une pause. Au calme. C'était une technique japonaise qu'elle affectionnait. Les toilettes de la brasserie sont molletonnés en cuir d'autruche, ce qui est, d'après le fabricant, le meilleur isolant phonique du monde. Il le lui a dit le jour de leur installation, pendant qu'il testait la solidité du lavabo entre ses cuisses chaudes, douces et travailleuses. Depuis, de temps en temps, elle a recours à leur concours. Et puis, elle a de bons souvenirs ici. Avec son patron aussi.

Et la femme de son patron. Hiroshima fait partie de ces salariées qui ont besoin de se sentir aimées par la direction. Mais revenons à nos quatre justiciers :

Giacomo, se raclant la gorge :
Parlez-nous d'elles, vous qui les voyez constamment évoluer dans le monde de la nuit.

Bisous-bisous, se lamentant :
Ah là là là là là là là là là !
Depouis qué les femmes elles sont patronnes, je vends plous mes fleurs !
Les hommes ils osent plous acheter les fleurs…
Ils ont peur, ils ont la miquette les biquets.
Elles foument et boivent lé whisky avec dou couca-coula…
Elles portent des pantalons que tou vois si la coulor des cheveux du bas elle est la même que celles du haut !
Et des fois, y a plous de cheveux du tout en bas !
Elles parlent fort et elles se tapent dessous comme des marins saouls à la sortie des bistrots, yé vous joures !
Elles draguent les hoummes qu'elles né connaissent pas à la puerta des cantina quand elles foument la cigarette dehors.
Elles font cocous à tour de bras leurs copains et leurs maris !
Et des fois, carrément à l'arrière de la voitoure du type qu'elles viennent de draguer !
Entre deux verres !
Si, si, yé l'ai vou, je vous joure !
Le type à elles, il attend comme un coun, chez lui ou dans lé bistrot et la fille elle se tape oun individou dehors !
J'en ai même vous avec le 06 écrit en gros sur la tee-shirt !
Si !
Entré les nénés !

Giacomo :
Mon Dieu !
Demandez une prime de risque à votre employeur !
Ce que vous décrivez est pire que ce que nous pensions.
C'est pire que le Trianon de Marie-Antoinette !
C'est la chute de Rome !

Bisous-bisous :
Yé souis à mon compte !
Prout aussi, pour lé prime de risque !

Giacomo :
Non ?

Bisous-bisous :
Si patrone !
Et la flour, ça ne marche plous beaucoup, sauf avec les vieilles !
Yé crois que je vais aller à Nice pour lé commerce…
Là-bas, mon cousin il dit qu'y en a pleines les roues des vieilles !

Jacques le taxidermiste :
Il a raison. Elles ne veulent plus de fleurs.
Tenez, la semaine dernière, j'ai offert des fleurs à ma comptable, eh bien vous me croirez ou pas, le lendemain, en repassant dans sa rue, j'ai vu mon bouquet posé sur le dessus de sa poubelle !
Pourtant, elles étaient jolies ces marguerites…
Blanches et jaunes comme elle !
Elle fait des U.V.
Elle a les bras blancs et le teint jaune.

Je ne sais ce qui m'a pris ce matin-là. Je passais devant un bel étalage et je ne sais pas pourquoi…
Je crois que c'est les marguerites qui m'ont fait penser à elle…

Egon :
La vache !

Jacques, rigolard :
Faut dire que son petit nom, c'est Marguerite.
Ça aide aussi.

Bisous-bisous, vidant son verre d'un trait :
Prout aussi pour la comptable !
Puis se retournant vers le bar :
La moche avec les couettes, elle remet ça !
Et fissa !

**Hiroshima,
un peu moins saoule, mais titubant quand même :**
Meeeeerdeuh !
Je sers plus !
Là !
Cassez-vous !
Dehors les Romanos !

Les quatre secouèrent la tête en la regardant tristement. Ils préféraient ignorer la manga à couettes, mettant sa mauvaise humeur sur son ardoise. Maintenant, Hiroshima ouvrait une boîte d'antidépresseurs et maugréait dans son coin, derrière le comptoir, assise devant l'évier. La bouteille de cognac gisait vide à ses pieds, le goulot plein de rouge à lèvres. C'était obscène.

Bisous-bisous :
Tout fout le camp !

Egon, philosophe :
Les repaires de jadis ne sont plus ceux d'aujourd'hui !
Et c'est encore plus vrai aujourd'hui qu'hier !

Bisous-bisous, triste :
Maintenant, c'est le règne des bonnes femmes chez vous…
Pourtant que je suis arrivé en France, c'était l'homme qui dominait…
Vous avez bien foiré le coup, les gars !
Il vide son verre.
Mais il est tard, la nuit avance et je dois partir.
L'argent ne tombe pas de la lune.
Je vais devoir vous abandonner Messieurs, il faut que je rapporte des sous à la maison, sinon, ma femme va me souffler dans l'anus.
Ma fille qui fait ses études à New York, elle me coûte un bras…
Et puis les traites du chalet à Chamonix me bouffent l'autre.
Se levant, serrant les mains des trois autres.
Merci patrones !

Et l'homme sort de la brasserie, le pas preste et la silhouette élégante en disant, les bras chargés de roses, à un petit groupe sur le trottoir qui hésitait à entrer dans l'établissement :
Bonjour, bonjour !
Bisous, bisous, partout !
Sauf sur l'anous hi hi hi hi hi !
Belles roses pour belles jeunes filles ?

La porte vitrée se referma sur Bisous-bisous le vendeur de roses, le colporteur d'amour, le commerçant ambulant sélène. Sur ce pierrot des temps modernes, plus Arlequin que colombine.

La porte vitrée se referma, laissant nos trois compères chacun à leurs rêveries.

La porte vitrée se referma aussi sur le deuxième acte de ce roman en pièce. Dans une ambiance lourde et morne, répondant à l'atmosphère de ce début de siècle morose où le plaisir est devenu sanitaire et sanctionnable.

Entracte

Annonce publicitaire

Ce troisième acte, plein de rebondissements, est coproduit avec le Zoo de Nivillac, fournisseur officiel de kangourous en Bretagne et pas que.

Programme et tarifications disponibles sur le site et à l'adresse suivante :
hopla@walabie.com

Acte 2
Scène 6, chapitre 12

Les acteurs :
- **Egon De Housse,** jeune homme obsédé.
- **Giacomo,** grand amateur de lingerie en coton.
- **Les petites cuillères de porcelaine rouge,** suicidées pour l'exemple.
- **Jacques le taxidermiste,** fan de Rantanplan.
- **Clint,** cow-boy actionnaire chez Ford.
- **Lucky-Luke,** non-fumeur.
- **John Wayne,** communiste déguisé.
- **Jugnot,** choriste.
- **Jean-Luc Godart,** réalisateur chiant.
- **Arthur,** roi des couillons.
- **Le Graal,** introuvable.
- **Renaud,** star à quatre demis.
- **Le bonheur,** qui est une affaire de médiocre et qui use le cœur.
- **Des seins,** lourds et revanchards.
- **Des règles,** publicitaires et odorantes.
- **Mickey Maousse,** qui mousse quand on le secousse.

À l'avant-dernière scène du deuxième acte, la porte vitrée de la brasserie à la mode de Nantes se referme sur Bisous-bisous le vendeur de roses, le colporteur d'amour, le commerçant ambulant de profession, inscrit au registre du commerce comme franchisé de Cupidon.

Elle se referme la porte, en laissant nos trois compères chacun à leurs rêvasseries, tout retournés qu'ils sont des révélations de Bisous-bisous sur le comportement nocturne des femmes.

Elle se referma aussi bientôt sur le deuxième acte de ce roman en pièce.

Derrière, il y aura le troisième et dernier acte et l'histoire qui se poursuivra malgré vous. Ce qui n'est pas plus mal. Un peu de cohérence ne nuit point à l'homme de bon sens.

Pour la femme, il importe peu.

Dans un ordre ou dans l'autre, cela finira de toute façon en vrac, dans un de ces containers portatifs que l'on nomme sac à main.

Ce, jusqu'au prochain changement de baise-en-ville qui sera inévitablement du fait de nouveaux escarpins assortis au nouveau trompe-couillon en bâton.

Comme n'importe quel fétichiste le sait et a pu l'observer !

Les trois drôles, se retrouvant seuls, l'ambiance est retombée lourdement. Les tasses en aluminium brossé roulent au sol, médiocrement, derrière le comptoir. Un peu comme les buissons ronds et épineux qui occupent l'écran en le traversant, dans la poussière du désert mexicain, dans les westerns, avant que Clint n'arrive pour son duel.

Ou Lucky-Luke.

Ou John Wayne.

Enfin, bref, l'ambiance se casse la gueule.

Les petites cuillères de porcelaine rouge, victimes des mœurs du temps et de l'époque, décidèrent que cela ne pouvait plus durer et se suicidèrent collectivement, en hommage solidaire à leurs sœurs, tombées sous les coups de tous ces olibrius de clients de ce bar à la mode de Nantes.
Cela ne fit que peu de bruit dans les étagères derrière le comptoir, il n'en restait que trois, dont une ébréchée.
La petite cuillère à armature métallique australienne, quant à elle, se jeta dans le siphon de l'évier, brisant ainsi sa porcelaine à cause de la force inversée et centrifuge qu'elle dut subir.
Ce qui eut pour effet de le boucher.
Ce qui permettra à Hiroshima de rencontrer l'homme de sa vie le lendemain de cette horrible nuit.
Mais c'est une autre histoire, compliquée de surcroît.
Revenons Pluto, comme dirait Mickey, à nos héros de plus en plus mâles :

Giacomo, brisant le silence :
Finalement, que gagne l'homme auprès de la femme ?
À l'aimer ?
À l'envisager ?
À l'espérer ?
À la prier ?

Egon, après un temps :
Je dirais des emmerdements, du surmenage…
Une mort lente peut-être…
La révélation de son masochisme latent.
Des nuits blanches ?
Un aller simple pour Montauban ?

Les pistes sont nombreuses…
Un scout s'y perdrait en chemin !
Même Jugnot !

Jacques, concentré :
De la fatigue et du stress…
Une calvitie précoce ?
Un ventre proéminent et de mauvaises humeurs !
Un goût prononcé pour le football ?

**Egon,
la main sur le front, dans une attitude à la Godard :**
Une aliénation physique et morale…
Une dépendance supplémentaire à la drogue, au tabac et à l'alcool qu'il consomme sans modération pour supporter ses désillusions ?
Ou l'oubli de ses attributs, sauf quand il chemine sur les quais après minuit ?

Jacques, plus concentré que le nombre d'électeurs de gauche au mètre carré dans une recyclerie :
Pas mieux !

Egon :
Bref, rien qui lui soit indispensable
ni qui nécessite un encadrement au musée de Sèvres.

Giacomo, soupirant :
Faites un effort, voulez-vous !
Je vous parle des desiderata de l'homme, de la quête…
De sa quête profonde.
Du Graal du chevalier d'autrefois…

De la lumière pour le peuple choisi, quoi qu'en dise ce couillon d'Arthur !
Que gagne-t-il et que recherche-t-il dans la femme ?

Jacques :
Depuis le temps qu'on le cherche, le Graal, il doit-être moisi c'ui-ci !

Egon :
Il ne cherche pas l'argent.
Le prix du kilo de morue n'a jamais été aussi élevé !
Les héritières n'ont plus besoin d'héritiers, les princesses épousent des saltimbanques et le bal des débutantes est devenu une foire à l'occasion.
On n'y trouve plus que des secondes mains…

Giacomo :
La question est sérieuse, disciple !

Egon, réfléchissant :
Peut-être cherche-t-il à gagner une bataille dans cette guerre perdue d'avance ?
Contre lui-même ?
Voit-il Barbara dans les décombres ?
Voit-il Laetitia à bicyclette et en socquettes pédaler sous les bombes ?
Ou alors cherche-t-il la gloire ?
La reconnaissance de la patrie et la rosette à son veston ?
La justification de mourir un jour d'un cancer de la prostate ?

Giacomo, ironique et las :
Brooufff.

Egon, vexé :
Quoi, brouuufff ?
Comment ça brouuufff ?

Giacomo, paraissant las, très las :
C'est le bruit de l'acteur qui s'écroule
comme un sac de papier noirci de vers
que l'on jetterait à l'usage d'une consommation de masse et
excessive !
Un sac moisi qu'aucun Ragueneau ne saurait défendre,
même armé d'un rouleau pâtissier !

Jacques le taxidermiste,
levant le doigt et gigotant comme un écolier qui pour une
fois, sait répondre à la question :
Moi, moi !
Je sais !
M'sieur, M'sieur !

Giacomo, le désignant :
Oui mon petit ?

Jacques, bon élève :
L'homme recherche le confort domestique avec la femme, les
câlins, la pipe avant la soupe, le coup de tagada au petit
matin…
Le bonheur, quoi !

Giacomo, radieux :
Bonne réponse mon petit !
Bravo, je vous donne un dix !
Il se lève.

Le bonheur.
Voilà !
Voilà ce que l'homme cherche auprès de la femme !

Egon, vexé de ne pas avoir donné la bonne réponse :
Alors là, bravo !
À Jacques le taxidermiste en aparté :
Alors, la fourrure ?
On fayotte ?
Sous les poils, le con ?
C'est pourtant vrai que ce n'est pas une légende !

**Jacques le taxidermiste,
tout à sa victoire intellectuelle, chantant comme un
créole sur le chemin de l'école :**
C'est ben vrai ça,
c'est ben dit ça,
c'est bon pour le mo'al, c'est bon pou' le mo'al !
Levant son verre.
Hiroshima, quatre autres bières et fissa-fissa !

Egon :
Le bonheur, qu'est-ce que c'est ?
Ça ne veut rien dire cette histoire.
D'autant disent même qu'il est une idée de médiocre et qu'il use le cœur.
Ou bien qu'il est comme le sucre dans le lait chaud :
plus on le cherche et moins on le trouve.
Ou que comme un courant d'air : quand on le sent, il est déjà passé.
Personne n'est d'accord sur le sujet.
C'est son point en commun avec la liberté.

Giacomo :
Allons, disciple ! Tu le sais bien !
Le bonheur, c'est bien pour lui que tu t'es acoquiné avec elle ?
Non ?

Egon, boudeur :
Non !
Je ne l'ai ni vu ni connu au travers de l'accessoire féminin
qu'elle est devenue pour moi aujourd'hui.
Avec ma gazinière et mes casseroles, oui.
J'ai connu l'orgasme !
La plénitude.
J'ai pris mon pied dans une savate dorée et rehaussée de perles
de Java.
Mais avec cette femme, non !
Ce n'est pas pour être heureux que je me suis mis en ménage,
je ne suis pas aussi naïf !

Jacques, affirmatif :
C'est vrai, avec mon berger allemand, j'étais heureux.
Bien plus que dans le bureau de la comptable, en tous les cas.

Giacomo, superbe :
Le bonheur n'est pas un simple mot résumant un état d'être !
C'est plus profond, plus fort que l'accessoire,
féminin, animal ou culinaire, c'est...

Hiroshima le coupe, amenant à leur table les quatre verres de bière au malt à whisky d'appellation et d'origine contrôlées par les alcooliques anonymes bretons. Puis, d'un air aussi détaché que possible, ce qui avec les seins nus en société n'est pas si évident, elle dit :

Hiroshima :
Vos verres, Messieurs !

Les trois hommes se regardèrent interloqués, les yeux comme pris dans une sauce hollandaise vieille de trois semaines. Les seins nus, brillants et transpirants de la serveuse leur provoquèrent des réactions intimes diverses, que nous n'allons pas décrire ici, respectueux que nous sommes de leurs intimités. Mais la colère aidant, le moment étant le plus mal choisi au monde, Egon éructa :

Egon :
L'accessoire nous emmerde !

Jacques le taxidermiste, subjugué :
Pas du tout !
Mais pas du tout !
On peut toucher ?

**Hiroshima,
froide comme une employée de la caisse d'allocation familiale :**
Faites !

Jacques le taxidermiste, palpant :
Ils sont vrais ?

Hiroshima, de plus en plus froide :
À 100 %.

Egon, sincère, réprimant en haut-le-cœur :
Mon Dieu, quelle horreur !

Ainsi affligé de ces trucs...
Choses...

Jacques le taxidermiste, palpant moins avidement :
C'est doux, mais bizarre à l'intérieur !
On sent des trucs qui roulent un peu sous les doigts...

Hiroshima mon amour, sur le même ton :
Oui, il y a plein de glandes, de veines,
de graisse et de trucs dégueu là-dedans.
Des fois ils coulent.
Il y a un liquide trouble et bizarre qui sort de mes tétons gras et violacés comme des bites de bergers allemands en érection.
C'est légèrement visqueux et ça tache le bonnet de mon soutif...
Pis quand ça sèche, ça fait une auréole jaunâtre sur le tissu.
Et quand on le renifle, ça sent âcre, un peu comme un reste de sperme dans un caleçon porté depuis huit jours...
Mais ce ne sont que des mamelles, ce n'est pas dangereux, et là, ils sont plus gros parce que j'ai mes règles.
Vous savez cet écoulement sanguin et abondant qui sent mauvais dans les pubs à la télé à l'heure des repas...
Avec la souris blanche qu'on se colle entre les jambes dans ces moments-là et qui bouchent les chiottes ou qui collent dans le fond de la poubelle.
J'en ai une en ce moment !
Vous voulez jouer avec la ficelle, mes gros chats ?

**Jacques le taxidermiste,
retirant vivement ses doigts boudinés :**
Je vais vomir !

Giacomo, fumant :
Il suffit, geisha mal équipée et terroriste !
Foutez le camp de devant nos nez avec vos nichons,
vos tampons abjects et vos glandes à la con !

Hiroshima, satisfaite, s'éloigna de leur table, puis se ravisa. Elle revint, en souriant cette fois-ci, et s'arrêtant à un mètre de la table, elle remonta sa jupe plissée d'écolière au-dessus de ses hanches. Elle commença alors à osciller, à onduler du bassin langoureusement, en mimant des choses avec sa bouche. Puis après un temps, satisfaite de voir les trois hommes pâles et visiblement écœurés, elle se pencha vers eux, et à voix basse, en soufflant un air fétide et chaud, elle dit :

Hiroshima :
En plus, avec les règles, j'ai l'haleine d'une hyène !
Qui veut ma bouche, mes amours ?

Les trois hommes se levèrent d'un bond collectif et se ruèrent vers la sortie. Sans plus s'occuper de la note, peu conscients de la grivèlerie pratiquée, ne cherchant au final qu'à fuir ce démon.
Désorientés, ne sachant où aller, ils continuèrent de marcher pendant quelques centaines de mètres, sous une pluie battante qui frappait violemment le pavé nantais comme le CRS frappe sur le gilet jaune le samedi. Ils se réfugièrent dans une église toute proche pour se mettre à l'abri. C'était le seul établissement encore ouvert à cette heure tardive.

Restée seule dans le bar désormais désert, Hiroshima mon amour riait. Elle riait tellement fort, que tout commentaire serait superflu.

Nous nous abstiendrons donc, là encore.

Qu'est-il à craindre plus que la colère des femmes ?

En attendant, le deuxième acte s'achève sur cette fuite en avant de nos trois drôles de zèbres.
Maintenant, il ne leur reste plus qu'un acte avant d'aller danser. En attendant, c'est l'effervescence en coulisse, on met en place le décor du dernier acte et le rideau est tombé depuis déjà au moins cinq minutes.

Acte 3

ou

Troisième partie

Acte 3
Scène 1, chapitre 13

Les acteurs :
- **Egon De Housse,** jeune homme désormais affranchi et oblitéré en conséquence.
- **Giacomo,** sociétaire de la comédie française.
- **Jacques le taxidermiste,** choqué.
- **Les plaies,** de l'Égypte ancienne
- **L'abbé Rézina,** curé officiant à Nantes centre, gérant d'un petit commerce de proximité et un tantinet porté sur le sang du Christ.
- **Des verres,** en Pyrex naturel.
- **Un postiche.**
- **Madonna,** en poster.
- **Un bouc,** empaillé.
- **Un papy,** au balcon.
- **Un jéroboam,** de vin de messe.
- **La mamelle,** de Satan.
- **Des chamelles,** avalées.
- **Des pharisiens,** avaleurs de chamelles.
- **Des femelles démons,** aux tétons violacés !
- **Des évêques,** polonais.
- **Des coches,** chiennes de talus.
- **Le sceau,** brûlant et odieux de l'infamie.
- **La Babylone,** ancienne.

Appel.
Le bâton frappe des coups rapides sur le plancher de la scène.
Les spectateurs font silence.
Le bâton frappe les trois coups solennels.
Un.
Deux.
Trois.
Frisson général.
Glissement magistral de l'épaisse étoffe rouge du rideau.
Applaudissements très chaleureux.

Roulement de tambour et changement de tableau.

Le décor est maintenant celui d'une église. Nous en avons enfin fini avec la brasserie à la mode de Nantes. Egon De Housse, jeune homme désormais perdu pour les femmes, disciple affranchi de monsieur De Maison-Neuve, Giacomo de son prénom, sociétaire de la comédie française et Jacques Jacques, dit « Jacques deux fois », le taxidermiste, homme rond et jovial, ont fui comme un seul homme la brasserie d'Hiroshima mon amour où l'action du roman en pièce s'était déroulée jusqu'à présent.

Hiroshima est parvenue à les faire sortir pour aller continuer leur révolution masculine ailleurs.

Sur le sujet, et à propos, rappelons que depuis l'autre taré à petite moustache germanique, depuis près d'un siècle, les brasseries se refusent d'accueillir de futurs politiciens en meeting. On ne peut donc donner totalement tort à la manga à couettes bêtes.

Mais mal lui en prit de montrer ses seins et surtout de ne pas les ranger après le départ des trois compères, car elle se les coinça violemment dans le tiroir à café du comptoir.

Mais, c'est encore une autre histoire.

Comme pour l'antenniste, nous avons le devoir de vous informer qu'il vient de périr noyé sur le toit de la tour de Bretagne.

Quant aux goélands, rassurez-vous, ils vont bien.

Notre trio infernal, nos pieds nickelés romantiques, battus par la violente pluie qui frappait méchamment le pavé nantais, ont donc fait valoir le droit d'asile dans une église du centre-ville, que nous ne nommerons pas, afin de ne pas trahir le secret de la confession et d'autre chose encore.

Mais pour l'heure, les trois hommes sont dans l'entrée.

Trempés.

Une musique douce et monastique filtre gentiment de haut-parleurs pendus aux voûtes du bâtiment séculier qui se veut céleste.

Les flammes de dizaines de cierges scintillent dans une semi-obscurité rassurante.

Le lieu semble désert.

Ils ont hésité quand même à entrer, car aucun des trois n'aime le style gothique. Force est de reconnaître que depuis le début, cette histoire est une de cons qui multiplie les conséquences fâcheuses. Mais, reprenons, car l'abbé vient d'arriver :

Giacomo, sociétaire maudit et trempé, à l'abbé :
Saint homme, protégez-nous !
Je suis comédien et je demande asile !
J'ai joué sur le parvis de Notre-Dame et j'ai rendu à l'église au centuple l'obole qu'on m'y fit !

Egon, disciple mouillé :
Nous demandons asile, l'abbé !
Je suis sans cheval et sans armes et je m'en remets à Dieu !

Jacques, rondouillard jovial arrosé :
Seigneur, Marie, Joseph !
Ah dis donc !
Quel temps de merde !

L'abbé Rézina,
d'une voix grondant comme l'orage au-dessus de la mer Rouge :
Du calme, foutre Dieu !
On n'entre pas dans une église comme dans un bistrot !

Egon, une main sur le cœur :
Mon père, pardonnez-nous !
Nos pérégrinations nocturnes nous ont menés droit à la mamelle de Satan !
Nous sommes des pharisiens qui ont écrasé le moucheron et avalé les chamelles !

Giacomo, érudit :
Nous sommes des Philistins frappés des tumeurs ratières et assassines données par une femelle démon aux tétons violacés !

Egon, compétiteur biblique :
Confessez-nous, car nous avons rouvert les plaies de l'Égypte ancienne et les sauterelles vont dévorer les hommes à cause de nous.

Giacomo, pour en rajouter :
Nous sommes à jamais marqués du sceau brûlant et odieux de l'infamie.
Nantes n'est plus qu'une ruine envahie par les hyènes et nous, nous rendrons grâce à Dieu, comme le firent nos ancêtres dans la Babylone ancienne !

Egon, surenchérissant :
Nous nous sommes corrompus dans des relations incongrues !
Nous avons frayé avec des animaux à sabots hauts et aux demi-jambes épilées !

L'abbé Rézina, énervé :
Mais vous allez fermer vos mouilles, oui ?
Bande de culs de bulots mal rincés !

D'un coup, dans l'église encore sonnante de la sentence de son serviteur zélé, le silence se fait.

L'abbé s'éloigne du trio, les mains dans le dos, et poursuit, à haute voix, comme pour lui-même, sans les regarder :

L'abbé Rézina :
Alors !
Qu'est-ce que c'est que ça ?
Il se retourne vivement, contrarié :
Ce n'est pas bientôt fini les jérémiades, dites ?!

Giacomo, sincère et tentant une dernière fois de ramener le saint homme à de meilleurs sentiments tandis que les deux autres sont prêts à prendre la fuite :

Giacomo, implorant :
Aidez-nous, l'abbé !
Protégez-nous !

L'abbé Rézina, les mains sur les hanches :
Écoutez-le, ce con-là !
J'suis pas la Bardot, moi !
Et encore moins l'abbé Pierre !
C'est pas Emmaüs ici, ok !?
Il se retourne à nouveau.

Il fait encore quelques pas dans l'allée centrale, maugrée, regarde le Christ punaisé en fond de nef, soupire, grogne, marmonne *« me faire bosser un samedi soir, j'vous jure ! »*, soupire encore, récupère une bouteille de rouge posée sur un banc, en prend une bonne rasade, puis revient vers nos trois drôles d'un pas pèlerin et dit :

L'abbé Rézina :
Et puis, vous protéger de quoi, nom d'un rouge ?
De la flicaille qui vous court aux culs, bande de pochtrons ?

Giacomo :
Mais d'elles, mon père !
Nous protéger d'elles !

L'abbé Rézina, communément sceptique comme une fosse :
D'elle ?

Giacomo, réaffirmant, la voix grave et sourde, le regard sombre, les épaules ramassées et le couvre-chef entre les mains devant sa virilité tragédienne et basse :

Giacomo :
D'elles !

L'abbé Rézina, soudainement réceptif :
Ah !
Je vois !

Il réfléchit un court instant, retroussa ses manches calmement et avec soin, comme pour un accouchement en milieu rural, et dit :

L'abbé Rézina, directif :
Toi, le petit gros, embarque le litron et prends le singe dans le torchon qui est à côte.
Toi, le gamin, tu verrouilles la grande porte avec le madrier caché sous le dernier banc de la rangée !

Et toi, le vieux beau, essore ton galure dans l'bénitier, tu fous de la flotte partout !

Les trois hommes s'exécutent. La porte bloquée, le sang et le corps du Christ coincés sous le bras du taxidermiste, le chapeau de Giacomo essoré, l'abbé leur indique le chemin de la sacristie. Ils suivent sa soutane en silence. En passant, l'abbé coupe le disjoncteur et la musique cesse en même temps que les cierges s'éteignent. Voyant la surprise des trois hommes, il sourit et dit, satisfait :
C'est pas mal foutu, hein ?
Ça coûte une blinde, mais c'est pas mal.
Et pis on économise sur le long terme...

Puis, sans attendre de réponses, il reprend sa marche. Les quatre hommes arrivent enfin à destination. Ils sont dans la pièce réservée. Dans la loge de l'artiste, en quelque sorte. Là où l'on se prépare aux représentations journalières.
La générale, quant à elle, se déroule toujours à Rome.

Nos compères sont respectueux, ils ont un peu l'impression, en se trouvant ici, d'être dans le secret des dieux. Enfin, disons plutôt dans le secret de la Sainte Trinité, pour n'offusquer personne. La religion, c'est un sujet sensible.
Le décor de la pièce est fruste : quatre chaises autour d'une grande table en bois ciré, un buffet rustique, une gazinière qui sert de Tabernacle et un grand poster de Madonna embrassant goulûment le pape, scotché sur un mur à la chaux devenu jaunâtre avec le temps.

Nos trois lurons sont impressionnés par l'abbé. C'est un gaillard. Grand et large comme une armoire à la mode Caen, barbue comme Haddock, portant une soutane noire, ce qui n'est plus à la mode, mais il ne semble pas être le genre d'homme à se préoccuper du chapeau de la voisine. Les traits de son visage, comme taillés à la serpe, sont durs, mais nobles. Militaires, presque. Il y a du vécu, ça se voit tout de suite et ça pousse à lui faire confiance.

Il fait bon dans la pièce. Un poêle à mazout chauffe des feux de l'enfer. Sur le mur, près d'une petite fenêtre, qui donne probablement sur les toilettes, une tête de bouc empaillée et coiffée d'une mitre d'évêque est accrochée. Ce qui n'est pas sans plaire à notre Jacques, qui est, comme vous le savez, un fin connaisseur.

L'abbé, d'un geste généreux, mais sérieux, presque notarial, les invite à s'asseoir. Puis, toujours sans dire un mot, va directement au buffet, ouvre une de ses portes hautes qui couine affreusement sous le mouvement, et sort quatre verres et un jéroboam de rouge. Une cuvée monastique, vraisemblablement, à en croire le dessin de l'étiquette qui représente un moine à la trogne rouge à califourchon sur un tonneau. Puis, il s'assoit enfin, ouvre un petit tiroir secret dissimulé sous le plateau en chêne de la table, en sort un tire-bouchon cornu et ouvre la bouteille en deux temps et trois mouvements.

Nos trois amis ne disent rien. Seul Jacques sourit béatement au bruit du liège libéré de sa prison de verre. L'abbé marmonne la célèbre formule en latin disant que le vin anoblit les pensées de l'homme et le montre tel qu'il est, puis, se signe et sert.

Chose faite, il lève son verre.

Les trois autres l'imitent.

Il le descend cul sec.

Ils font de même.

Il choque son verre sur la table.

Les autres aussi.

Alors, il les ressert.

Choses accomplies, les coudes sur le plateau de bois, il dit de sa grosse voix :

L'abbé Rézina :
Bon, et maintenant, bande de moules ?
Qu'est-ce qu'elles vous ont fait ces bons dieux de coches
de chiennes de talus de bonnes femmes ?!

Giacomo, gargouillant :
Tout !
Ces créatures viennent du diable, mon père !

L'abbé Rézina, tranquille :
Sœur Marie Berthier aussi, mon fils.

Egon, Quasimodo :
Elles sont des monstres !

Jacques, le garou :
L'une d'entre elles nous a montré ses seins !

Giacomo, Frollo :
Oui, vous vous rendez compte ?
Ses deux seins et leurs auréoles !

Jacques, le gare au Garou, contrit :
Et moi, c'est pire, je les ai touchés !

Egon, Quasimodo grosso modo en panique :
Elle avait ses trucs en plus,
et elle nous a proposé de jouer avec la ficelle !

L'abbé Rézina, mesurant vaporeusement l'étendue du problème, compatissant comme au cimetière quand il attend le denier du culte :

L'abbé Rézina :
Stop, les débiles !
Vous avez la même bonne femme tous les trois ?
Ou bien je ne pige pas un broc à ce que vous dites !
Vidant d'un autre trait son nouveau verre de vin, il dit :
Qu'est-ce que c'est que ces patakweks ?
Faites-moi l'topo, si vous voulez que je vous aide.
À Jacques :
Et toi le petit gros, arrête de trembler, comme si tu avais sucé l'diable !
Il ne peut pas entrer ici, la décoration intérieure lui fait peur.
C'est trop sombre pour lui.
Il ne s'y plaît pas.
En plus y a pas de gonzesse, ici.
Mais, l'église vous accueille en son sein qui est plus malin que le sien !
Un temps.
Pis, f'rait beau voir qu'une souris vienne m'emmerder dans ma cambuse !

Egon se dévoua, avec l'accord des deux autres et fit alors à l'abbé un résumé succinct de la soirée, sans oublier de lui faire part de quelques-unes de leurs réflexions philosophiques, qu'il est certain, Voltaire lui-même n'aurait pas reniées.

Mais, nous vous en dispensons puisque vous avez lu ou écouté tout ceci.

L'abbé Rézina, au sortir du discours d'Egon :
Ouais !
J'vois bien.
L'emmerdant c'est la prose, quoi !
Un temps suivi d'un soupir blasé…
Vous n'êtes pas les premiers et vous ne serez pas les derniers à
vous planquer ici pour fuir ce problème
aussi épineux que la couronne à Jésus !
Et vous avez raison : ici, vous risquez rien.
Encore une fois, pas de jupons au perron !
Autrement dit, même si on ne peut pas les foutre dehors en
journée
ni leur interdire l'accès aux églises à ces furies,
au moins, elles n'entrent pas à la sacristie !
J'vais pas les emmerder à l'office du couvent des Ursulines,
moi !
Alors, basta !

Egon, ravi :
Enfin un lieu où elles n'ont pas de prises !

L'abbé, goguenard :
Pourquoi croyez-vous que l'église ne cède pas à l'opinion
publique sur toutes ces histoires de parité ?
Qu'il n'y a pas de femmes curées ?
Pas si con le papy du balcon !
C'est comme pour le mariage des prêtres, à la direction, ça part
d'un bon sentiment : ils veulent pas de dépressifs dans les
rangs, de types mariés et sacerdocés jusqu'au trognon.
Qui finiraient pour causes conjugales par chialer dans le vin de
messe.
Vaut mieux un curé pédophile heureux

qu'un curé malheureux et sur le fil !
C'est le mot d'ordre !
Et nous encore, on est soft !
Regardez ce qui se passe chez les collègues qu'ont le siège social en Afrique, par exemple !
J'dis ça, j'dis rien, hein !
Non, les copines, j'vous l'dis : le mieux c'est de faire sans elles.
Ignorez-les dans l'feutré !
À partir de là, y a plus d'os !
Elles vous emmerdent plus.

Egon :
Mais elles sont partout !
Comment voulez-vous mon père, que nous les ignorions ?
Sans parler de nos besoins bien compréhensibles...
Nous ne sommes que des pécheurs, après tout...

L'abbé Rézina rigolard :
Ben, range ta canne à pêche, mon gars !
Il rit de sa propre vanne, comme les deux autres d'ailleurs.
Mais blague à part, je te comprends mon fils :
Je bande donc je suis !
C'est ça ?
On reste dans la philosophie de comptoir à ce que je vois, jeune pomme !
Te mets pas la rate au court-bouillon, va,
ça va te passer avec l'âge, la bandaison.
T'as quoi...
plus qu'une quinzaine d'années à tirer, pour ne plus bander, moins peut-être, si tu picoles raisonnablement !

Giacomo, murmurant :
Pas forcément...

L'abbé, rebondissant :
Ah ça, pour vous, c'est aut' chose !
C'est du médical qu'il vous faut à votre âge…
Un traitement pour… comment c'est-y qu'ça s'appelle déjà ?
Ah oui !
Le priapisme.

Giacomo, outré :
Mais non !
C'est de famille, et puis nous les Italiens nous restons verts longtemps !

L'abbé :
Oh ! Dis donc !
Tu vas pas me la faire !
Les ritals j'connais : je bosse pour !
J'y vais tous les ans voir mes potes.
Il réfléchit :
Non, les Polonais en revanche, là d'accord.
De vrais Armageddon de la chose !
Sont terribles, des novices jusqu'aux évêques !
Vous pouvez pas savoir !
Mais les ritals, hein !
Pas plus qu'ailleurs…
Il marque un temps et regarde le poster de Madonna.
Mais revenons-en aux bonnes femmes,
puisque c'est ce qui vous tracasse les p'tits gars :
je vous le dis tout net, j'peux rien pour vous les aminches !

Jacques, frissonnant :
Mais alors, même si l'église elle-même n'y peut rien, nous sommes perdus !

L'abbé Rézina, homme de vocation :
Ah, ça !
Mais toi, mon couillon, avec ta gueule en trois épisodes, tu dois déjà moins souffrir du sujet que tes deux potes…
Sans te vexer, hein ?!
Il se recule dans sa chaise, le dos droit pour mieux expliquer :
Pis, vous êtes marrants les gars, vous n'aviez qu'à pas voter pour des mecs sans couilles !
Et comme là, maintenant, à cause de vos négligences, c'est elles qui commandent…
Il se ressert du vin et dit :
J'suis Vatican moi, pas français, donc pas plus concerné que ça par vos conneries…

Giacomo, soudain réaliste :
Messieurs, l'abbé dit vrai !
Je me range à sa raison.
Pour ma part, je renonce aux femmes.
Le problème est insoluble.
J'ai connu l'entre-deux qu'il décrit, cette époque bénie, et maintenant je comprends que nous ne pourrons plus y revenir…
Après tout, j'ai vécu.
Bien assez.

Sur ces paroles, Giacomo De Maison-Neuve, notre Casanova à la longue carrière, notre acteur maudit et magnifique, tomba le masque. Il laissa choir son feutre, se départit de l'écharpe de soie qui le calfeutre, et, à la surprise générale, enleva son postiche et découvrit un crâne lisse et chauve comme le cul d'un nourrisson. Puis, il s'empara de la bouteille de vin de messe, se servit un verre sans demander, sans partager et sans politesse, le leva brièvement en hommage à l'abbé, le vida, pinça les lèvres et dit : « Amen. »

Les deux autres en restèrent cloués sur place. L'abbé souriait doucement. Dans le public, l'émotion fut palpable. En coulisse, on pleura.

Acte 3
Scène 2, chapitre 14

Les acteurs :
- **Egon De Housse,** candide.
- **Giacomo,** démissionnaire.
- **Jacques le taxidermiste,** rondouillard jovial.
- **L'abbé Rézina,** un tantinet trop porté sur le sang du Christ.
- **Du vin de messe,** réconfortant.
- **Jean-Paul,** deuxième du nom, superstar.
- **Jésus,** en kilt.
- **Un crâne,** d'œuf.
- **Un papy,** au balcon.
- **La Bible,** pour les nuls.
- **La confession,** sacrée.
- **L'amour,** comme icône.
- **Un colosse,** qui pleure.

Note de l'éditeur :
Encore une fois, je décline toutes responsabilités quant aux propos tenus ici.

Note du directeur du théâtre :
Idem.

L'abbé, Jacques, Egon et le pauvre Giacomo, tous assis autour de la table dans la sacristie, se réconfortent dans le vin de messe. Giacomo a créé la surprise. Mais maintenant, ne dit plus rien. Il paraît serein. Pour un peu, malgré son serment terrible, Egon l'envierait presque.

Jacques, tout de même un peu vexé par les propos de l'abbé à son encontre, se tait tout autant.

C'est donc Egon qui reprend la conversation interrompue inopinément par le baisser de rideau :

Egon :
Bien, mon père, je me range en partie à vos arguments, mais une question cependant : et l'amour dans tout ça ?

L'abbé, l'œil sévère :
Si tu deviens grossier mon garçon, tu vas te retrouver dehors à coup de pompe dans l'oignon.

Egon, imperturbable :
Mais pourtant, l'Église encourage le mariage, la fidélité et tout le tralala.
Donc l'amour.
Un divorcé ne peut se remarier à l'église, car d'après vous, rien ne peut désunir ce que Dieu a uni, ce n'est pas moi qui le dis…
Sans parler du blanc quasi obligatoire, qui doit revêtir la mariée.
Symbole de pureté s'il en est…

L'abbé :
Je vois que tu connais les usages, mon gamin…
Que veux-tu que je te dise…

À force de célébrer des mariages qui ne passent pas l'année et de baptiser des loupiots qui n'ont rien de commun physiquement avec leurs pères, p'têt ben que je ressens comme qui dirait, comme un coup de Trafalgar dans la boîte à idées.
Mais l'amour, il n'a rien à foutre là-dedans.
L'amour on le croise une fois et il poursuit son chemin.
En sens inverse.
Le reste, c'est de la relance sur le déjà-vu...
Crois-moi, j'l'ai vu d'dos, une fois.

Egon :
Pardonnez-moi d'insister, mais cette cérémonie, elle est faite pour couronner l'amour, par l'union de deux êtres censés procréer dans la joie et le bonheur...
Pourquoi donc êtes-vous si négatif, mon père ?

Jacques, le nez rouge :
Ben oui, Marie, Joseph et compagnie... pis c'est des bonnes quêtes, les mariages !
Retournant son verre vide sur la table :
Excellente cette cuvée, mon père !
Il vous en reste ?

L'abbé :
Au bas du buffet, servez-vous !
À Egon :
Tu me demandes pourquoi je suis dubitatif, l'avorton ?
J'vais te répondre.
Ça tient en deux mots :
La confession.

Egon, honnête :
Je ne comprends pas.

L'abbé :
La confession, c'est quand un trouduc vient me souffler dans les escalopes toutes les conneries qu'il a faites, entre deux vomis.
Les femmes adorent l'exercice.
J'ai même des abonnées.

Egon :
C'est normal ça, c'est votre métier !
C'est connu !

L'abbé, rouge de colère :
Eh ben, c'est des salopes et pis c'est tout !
Pas une pour racheter l'autre...
Tu vas me dire les bonhommes,
c'est guère mieux, mais disons qu'ils sont moins tordus.
Il débouche la bouteille que Jacques a posée délicatement devant lui.
Puis tout en servant, il continue :
Je peux te dire qu'heureusement qu'il y a un grillage dans le poulailler !
Sinon, j'en aurais étranglé une ou deux !
Tu peux pas savoir, gamin !
Tout y passe.
Même les cierges !
Une horreur !
L'apocalypse selon saint cul !
À croire qu'il n'y que ça qui les tracasse !

Egon, choqué :
Mais quand même, il y en a qui sont dévotes !

L'abbé, ricanant :
Toutes…
Même les moches et les vieilles…
Seulement, ce qui les intéresse, c'est ce qui tracasse les touristes en Écosse quand ils voient un mec en kilt : la taille du zob du Jésus.

Egon, amusé et intrigué, invite l'abbé à poursuivre son discours d'un geste aimable :

L'abbé :
Bon, sans ouvrir les portes,
je pourrais cependant vous en faire toucher le porte-clés.

Tout en parlant, il se sert une sacrée rasade (Schéhérazade en hébreux et d'après l'éditeur) de sang du Christ en bouteille consignée, à en envoyer tous les chrétiens de Rome dans la file d'attente des donneurs de sang pour prévenir la pénurie. Il poursuit :

L'abbé :
Les bonnes femmes, quand elles se confessent, elles cherchent le pardon.
Donc elles sont franches.
Presque honnêtes.
Sans parler de celles qui en rajoutent pour le plaisir de choquer l'homme de Dieu.
Celles-là… je les envoie prier dans le placard.
Pour les autres, le plus souvent, l'amour dont tu parles, elles l'évoquent aussi. Mais pour elles, c'est une icône, une image pieuse.
Et cette image n'a pas souvent de rapport avec leur bonhomme.

Lui, c'est le bifteck.
C'est du consommable.
Ça n'a rien de divin.
Elles vivent l'amour dans de l'imaginaire, dans du sentiment sublimé !
Pour le bonhomme en revanche, l'amour, quand ce n'est pas sa môman, c'est sa frangine, sa fille ou sa femme.
Voire sa bagnole ou son clébard, communément.
Ceux qui disent leurs nièces sont des pervers, en règle générale.
Mais déjà, en dehors de toute anecdote, tu vois que l'homme et la femme ne marchent pas sur le même chemin et tu t'aperçois que ce que Dieu fait, femme le complique.
Et pis c'est tout !

Egon, curieux :
Mais que sommes-nous pour elle ?
Et que pensent-elles de nous ?

L'abbé :
Elles en pensent pas du bien pour la plupart,
sauf amour laïc... ou imaginaire...
En majorité, elles sont pas jouasses de vous et de vos membres.
De vous et de vos actions.
De vous et de vos âmes.
Elles sont confuses et éternellement insatisfaites d'toute manière !
C'est ainsi que les femelles sont bâties.
Vous êtes principalement des bites en bois, des outils, des poseurs d'étagères au mieux et en aucun cas, et sans mentir et je ne l'ai jamais vu de ma carrière ni entendu, des compléments d'âmes, si c'est l'espoir que tu mets dans la question, p'tit gars !

En gros.
Soudainement :
Et pour toi gamin, que sont-elles ?

Giacomo, tout bas :
La vie…
Le but d'une vie aussi pour moi…
Se *reprenant.*
Autrefois…

L'abbé :
Tiens, il est pas mort séché lui !
Il le ressert.
Remarquez, c'est pas faux ce qu'il dit, crâne d'œuf !
Nous, nous engendrons, elles, elles donnent la vie, au sens littéral.
Et c'est cette capacité qui leur donne des droits sur nous.
Sauf au couvent.
Là, tout le monde s'en tape !
Mais, notre seigneur, le big boss est pas si con :
la preuve, pour notre bonheur, nous sommes mortels !
Alors, consolez-vous, mécréants !

Jacques, soudain illuminé :
Pour moi, ça ne change pas grand-chose,
mais c'est vrai que vu comme ça, c'est plutôt pas mal !

L'abbé :
Ce que l'on nous apprend en off au séminaire, histoire de bétonner les vocations, c'est et je cite : « Jamais un homme n'arrivera à satisfaire pleinement une femme, car jamais elles ne seront heureuses de ce qu'elles ont ou sont. Elles sont

instables dans le jeune âge, remuantes à l'âge du Christ et reines mères installées à la maturité ! »
Pour une fois, j'suis d'accord avec le prof…
C'est pas faux hein ?!
Suffit de mater dans la rue pour voir que les modes changent aussi vite que le vent tourne et que la mode, ben c'est un truc de gonzesses…
Pis, au niveau perso, j'en connais pas une qu'a pas essayé de pisser debout pour faire comme nous !
Preuve en est…

Egon, souriant :
C'est pas faux !

Jacques, rigolard :
Je dirais même plus, c'est totalement vrai !

L'abbé, soudainement :
Mais avez lu la Bible, mécréants ?
Au lieu de venir emmerder le monde dans les églises le samedi soir ?
N'ignorez-vous pas qu'il est écrit que : « L'homme doit prendre épouse et quitter sa famille d'origine et la préserver de tout au détriment de son confort moral, matériel et intellectuel. »
Y a pourtant la notice, là-dedans…
Sortir de là, c'est faire du bricolage.
Si des types se sont emmerdés à écrire tout ça, sous forme de testament en plus, y a bien une raison, bordel de dieu !

Egon :
Mais le rôle de la femme, lui, n'est pas très clair… c'est vrai que nous ne les avons jamais comprises.

Ça, il faut admettre…
Mais elles-mêmes, ne se sont-elles jamais admises ?
Et qui sommes nous, nous pauvres mortels, pour comprendre ce que Dieu lui-même semble avoir du mal à expliquer, car il faut bien l'avouer, mon père, les signes du créateur sont quelque peu confus à ce sujet !

Giacomo, aussi soudainement, comme interpellé :
Mais et vous, padre ?
Les Femmes…

L'abbé, renfrogné :
Moi, rien.
J'suis curé, j'vous l'rappelle !
Je ne les connais pas physiquement et c'est tant mieux !

Egon, feintant :
Jamais vous n'avez songé à…

L'abbé, franc comme du bon vin :
À tirer mon coup ?
Dis-le, gamin !
Bien sûr que si !
Je laisse pas ma queue à l'entrée de l'église…

Egon, têtu :
Alors ?

L'abbé, ronchon :
Alors rien, mon con !

Giacomo, intéressé :
Au début, avant tout ça, le séminaire et le reste.
Un bel homme comme vous…
Vous deviez quand même nourrir quelques espoirs auprès des femmes…
Vous l'avez dit vous-même : c'est dans l'ordre des choses…

L'abbé, soudain nostalgique :
Ah, au début… mon verbe n'était pas si vin…
C'est certain !
S'il y en a un de vous qui a des clopes, j'veux bien vous raconter, après tout, y a prescription, maintenant.
Mais avant, j'vais aller faire pleurer l'colosse.
Pis chasser un clodo ou deux du parvis.
Buvez et ne touchez à rien.
Et en attendant, mettez Radio Lourdes pour savoir quand aura lieu le débarquement du fils de Dieu, si vous vous ennuyez…

Les trois hommes étaient intrigués de connaître l'histoire de ce curieux personnage. Même si Giacomo semblait ne plus montrer autant d'enthousiasme et avait renoncé à sa superbe. Egon le regardait du coin de l'œil, et il lui semblait que le sociétaire avait vieilli d'un coup. Ça le rendait un peu triste. Pour lui. Le blanc avait pris indéniablement le dessus sur le gris. Il lui sembla qu'un nénuphar poussait sur le cœur de l'acteur maudit. Le temps se gâtait et il se repaissait de son malheur.

Jacques, lui, se portait bien. Il admirait la tête de bouc empaillée. Il souriait aux anges. Egon appréciait aussi la discrétion des objets présents dans la sacristie. Du reste, ils ne parlaient qu'à voix basse et en latin. Sans intervenir, comme l'avaient fait ces maudites petites cuillères de porcelaine rouge. Il songea un instant à Hiroshima. Sa colère s'était apaisée. Demain, ou autre jour, ou à l'occasion, il irait s'excuser et régler la note qu'ils avaient laissée. Il songea aussi que c'était une drôle de soirée. Enrichissante, mais frappée.

Il avait vieilli lui aussi, en compagnie de ces personnages. Mûri. Et, puis, « elle » s'éloignait de son esprit. De sa vie. Il songea aussi que s'il avait été en couple, il aurait connu un samedi soir banal et sans aventure. Et que cela aurait été bien dommage.

Dans sa poche, il caressait la rose blanche de Bisous-bisous, en se disant qu'après tout, l'amitié est aussi plaisante que l'amour. Et de ce qu'il en savait, plus drôle. Ainsi, se disait-il candidement, chaque homme cultive son jardin d'après ses propres expériences. Il avait la sensation de l'avoir compris depuis longtemps et dans le même temps, de n'y avoir jamais réellement pensé sérieusement. En fait, comprendre n'est pas tout, il faut aussi admettre.

Acte 3
Scène 3, chapitre 15

Les acteurs :
- **Egon De Housse,** candide.
- **Giacomo,** retraité des dentelles.
- **Jacques,** rondouillard et faux jovial.
- **L'abbé Rézina,** confesseur d'occasion.
- **Monet,** et des fauves.
- **Le bateau-lavoir,** au large.
- **Paris,** qui est un vert pâturage.
- **Des papillons,** dispersés.
- **Un Breton,** qui se prend pour un Italien quand il reçoit de l'amour et du vin.
- **Des moulins à prières,** au bruit de crécelle.
- **Des colombes,** tresseuses.
- **Des corneilles,** siffleuses.
- **Le phare d'Alexandrie,** sans Alexandra.
- **Elle,** une autre encore.
- **Un esprit,** à la fourrière.
- **Cézanne,** qui en fait une montagne.
- **Matisse,** avec le bleu à l'âme.
- **Armstrong,** le céleste trompettiste.
- **Rolland à Roncevaux,** pris au col.

Nos trois favoris s'essorent sur les dalles vénérables de l'église. Le vin de messe les réchauffe. Ils trouvent un peu de chaleur avec le franc et tonitruant abbé. C'est bientôt la dernière scène du roman en pièce qui se joue et qui se lit. L'abbé Rézina revient à la table, la mine réjouie. Il s'assoit, boit un peu, passe sa langue sur ses lèvres, rote bruyamment et dit :

L'abbé :
Où en étions-nous, les copines ?
On avait parlé de clopes, je crois…

Egon sortit son paquet, comme Giacomo. L'abbé sortit du tiroir de la table une coupelle en or. Il dit :

L'abbé :
J'en avais trois ou quatre comme ça, pour distribuer les hosties, mais on me les a piquées. Il m'en reste plus qu'une, alors elle me sert de cendrier… pis, c'est classe, non ?
Il prend une cigarette blonde du paquet d'Egon.
Quelqu'un a du feu ?

Egon, serviable, mais intéressé :
Oui, tenez !
Alors, vous nous racontez ?

L'abbé Rézina, con fessé au hasard de la vie :
Ah, oui ! j'avais oublié le deal…
J'dois narrer !
Alors voilà, j'ai été amoureux une fois…
Et je m'en cache plus maintenant…

Jusque-là, et c'est ce que j'ai dit à l'évêque qu'a ressorti le dossier un jour pour une histoire de cierges non comptabilisés et qui voulait me faire chanter en latin pour que je rembourse : je suis né avec un hochet à la main, non pas avec un goupillon, que je sache !
Sous la robe, il y a l'homme !
Sous l'uniforme de soldat de Dieu, il y a le conscrit !
Le convoqué !
Le malgré lui !
Et de vous à moi, elle portait mieux la robe que lui.

Egon, un peu gêné et intrigué à la fois :
C'est donc vrai que personne n'est épargné par le phénomène, alors !
Homme vous êtes et nous le reconnaissons bien volontiers.
Et si vous le voulez bien, racontez-nous la suite !

L'abbé :
Eh oui ma gueule, j'ai aimé et bandé, mais alors à en prier jour et nuit Notre-Dame du Bon Temps !
C'était il y a ben longtemps.
Piaf et Trenet sublimaient le paysage et le grand Jacques débutait !
C'était le bordel dans les rues de Paris
et la France disputait ses colonies à l'église.
Mais dans tout ça, vous savez,
Paris était un vert pâturage pour moi, à cette époque !
À chaque fois que j'éternuais,
un nuage de papillons se dispersait autour de moi !
Les corneilles sifflaient mon miracle et mon cœur chantait comme une bouteille de vin blanc éternellement fraîche...
J'étais gai comme un Breton amoureux et aviné.

Sur la butte Montmartre, les colombes tressaient des
couronnes d'olivier pour nous et les peintres étaient sortis de
leurs ateliers pour piquer le bateau-lavoir et voguer vers ses
yeux bleus et ses cheveux d'ange blond, dorés, comme autant
de palmeraies inondées du soleil de midi.
Le phare d'Alexandrie ne brûlait ses feux que pour elle.
Je n'ai pas honte de le dire : j'étais heureux !
Jeune !
Beau !
Fou !
Magnifique !

Jacques, dubitatif :
Non ?

L'abbé, affirmatif :
Si !
J'étais avant elle, un novice qui priait Dieu
dans la banalité et le gris des faubourgs.
Dans la poussière du soupirail !
Et tout d'un coup, je tutoyais les anges !
J'embrassais le cul de Cupidon !
Grâce à elle !
La lumière de la rosace du Sacré-Cœur inondait le mien !
Monet pouvait aller se rhabiller et les fauves aller chez
l'opticien au prétexte d'une épidémie de daltonisme.
Cézanne se convulsait de rage et d'impuissance
et Matisse pointait à la caisse de l'assurance chômage !
J'étais jeune homme plein de sève et d'élan, heureux et
fracassé à la fois.
Heureux d'aimer la plus belle qui soit
et fracassé de devoir choisir entre lui et elle.

Mon amour était enfant de Marie et ma foi enfonçait les clous
de la Sainte Croix au marteau hydraulique.
Pourquoi, sacré nom de non, l'homme doit-il toujours choisir ?
Il n'est pas libre, l'arbitre !
Ce n'est pas vrai !
L'arbitre est un enchristé, un taulard,
un déchiré condamné d'avance à l'isoloir !
Il se sert encore une bonne rasade de vin.

Egon, osant :
Et ?

L'abbé, avec évidence :
Et alors, j'étais au séminaire…
Et lorsque je la quittais, entre la pierre de ces murs lourds du temps,
de la piété et du secret, mon amour pour elle bataillait avec ma foi, comme jadis Rolland au col de Roncevaux.
Les Arabes en moins.
J'avais beau souffler dans le cor pour appeler les secours,
je n'avais d'autre réponse que celle de mon agresseur.
Ma conscience.
Ma satanée conscience en soutane !
Charlemagne se foutait de ma gueule et ne tentait même pas
de faire semblant de déplacer la troupe pour me secourir.
Cette salope de conscience m'envoyait ses flèches piquantes et
assassines par carquois entier !
Et dans mes oreilles, les trompettes célestes ne jouaient pas
comme Armstrong, croyez-moi !
C'était pénible d'être enfermé dans la vie que j'avais choisie et
dans le même temps d'y être bousculé par ce qu'elle m'offrait.
C'est-à-dire « elle » !

De temps en temps, à genoux pour la prière, comme le clodo du seigneur que j'étais, écrasé par ma charge, un souffle chaud me passait sur la nuque et « elle » reprenait sa place dans mon esprit.
Et dans mes burnes.
Et alors là, mon gamin, foin de la sérénité !
Adieu la prière !
Elle redevenait ma première pensée.
Devant Dieu le père lui-même.

Jacques, compatissant et fasciné :
Ah, merde alors !

L'abbé, rassurant :
Mais ça n'empêche pas de prier plus ou moins !
La pratique est ignorée, mais la théorie est tolérée…
Il remet une tournée, puis continue en fredonnant :
Il y a longtemps déjà qu'elle n'est plus là
Je ne peux même plus compter les années sur mes doigts
Elle avait des airs de petite fille
Nous l'aimions tous presque autant que toi
Et tu cherches à comprendre
Ça sert à rien, tu perds ton temps
Elle était belle et tendre
Tu l'aimais dans son vieux pull-over blanc…
C'était une chouette chanson ça aussi !
Il fallait la voir marcher sur les grands Boulevards.
Il fallait la voir vivre et puis l'entendre parler et rire…
Sa langue, c'était celle des fées.
Sans déconner !
J'étais son elfe et je me perdais en contemplation champêtre.
Sa taille était fine et ses jambes étaient sculptées comme celles d'une madone à l'enfant !

Elle avait un air canaille et un sourire à découdre les boutons
de braguettes !
Mon dieu…
Ce sourire…
J'espère que c'est lui qui m'emportera au dernier instant.
Il y avait tant de bleu dans ses yeux !
Jamais on a engendré créature plus parfaite.
Il se sert encore du vin, les yeux rouges et la lippe fade.

Egon, rêveur :
C'est un beau début.

Giacomo, corbeau :
La fin n'en sera que plus terrible.

L'abbé, l'esprit garé à la fourrière :
Elle avait des sentiments pour moi.
De vrais sentiments.
Elle m'avait donné un surnom :
Tirlipimpon, elle m'appelait !
Je lui appartenais.
Nous vivions au jour le jour sans rien nous promettre et sa petite chambre sous les toits nous accueillait les jours de pluie
et les nuits sans lune.
Aujourd'hui encore, je pourrais la dessiner les yeux fermés,
cette chambre…
Je pourrais mettre à sa place sur le papier
chaque objet et chaque sentiment.
Un bas de couleur chair négligemment posé sur le dossier
d'une chaise en paille, un chapeau fleuri sur une petite
commode, un tiroir à frou-frou entrouvert qui laisse
s'échapper quelques dentelles colorées…

Des images qui m'ont fait renoncer au séminaire !
J'ai fait mes valises un beau matin.
Je suis parti sans rien dire.
La tête basse et le missel sous le bras !

Egon :
À ce point !

Jacques :
Ah, ça !
La dentelle, ça ne pardonne pas !

Egon, impatient :
Et alors ?

L'abbé, éructant comme un coq de clocher :
Alors, quand j'ai renoncé publiquement à mes vœux,
cette coche de chienne de talus,
de nom de nom de dieu,
a refusé de se fiancer avec ma pomme !
Sous le prétexte qu'épouser un futur défroqué déplaisait à ses parents !
Qu'on ne pouvait plus faire confiance à mes bretelles !
Que mon pantalon risquait encore de tomber !
Que si j'avais retourné mon froc une fois,
je pouvais tout aussi bien retourner ma veste après !

L'abbé, omettant de dire qu'il avait mis le feu à la maison des parents de son amoureuse par esprit de vengeance, poursuit son récit :

L'abbé :
Alors, je suis parti dans les colonies !
Pistonné par mon ancien directeur de conscience et maître au séminaire. J'ai pris l'avion, le train et puis la charrette à bras pour le Tibet !
Le lendemain de son refus et ceci pour vingt longues années !
Et croyez-moi sur parole, on s'emmerde ferme au Tibet !
C'est montagneux, c'est rocailleux et pourtant j'avais l'impression que le paysage était plat comme ma main tant ma vie était devenue sans relief.
Je ne pensais qu'à elle et à Paris.
Au pont Mirabeau et aux lauriers qui devaient déjà fleurir dans le jardin de mes pères !
Il se ressert du résiné, la mine abominablement monastique. Il dit :
Et puis, ça mouline tout le temps de la prière là-bas.
On se croirait dans la poivrière qui est dans la pogne de l'ogre à sept têtes quand il se met à table !
Vous avez un bruit de crécelle en permanence dans les oreilles.
Ils n'arrêtent jamais de faire tourner leurs putains de moulins !
J'vous le dis comme je le pense !
Même Dieu n'est pas le même, là-bas.
Lui aussi il s'emmerde.
C'est certain !
Oh oui, on s'emmerde ferme au Tibet, mes cons !
Et ça caille sévère en plus !
Sans parler de ce con de Yéti
qui gueule la nuit dans la montagne
parce qu'il a perdu son écharpe !
Non, il n'y a rien de gay, là-bas…
Tintin !
Mais tout ça, ça ne se raconte pas, ça se vit !
Je ne sais même pas pourquoi j'évoque…

Pour finir et pour faire court, mon maître,
ce brave homme m'avait dit que quand j'aurais tiré mon temps
de pénitence, je pourrais revenir me faire ordonner
et prendre église comme j'avais voulu prendre femme.
Et ça fait maintenant presque quinze années
que je consomme le mariage ici.
J'aurais préféré Paris…
Qui sait, je l'aurais peut-être revue ?
Enfin, la vie est ainsi faite…
Ici, ce n'est pas Byzance,
mais c'est toujours mieux que de sucer des cailloux au Tibet…

Egon, méfiant :
Mais, la France n'a pas de colonie au Tibet !

L'abbé, durement :
La France non, mais l'Église oui !
Elle est partout !
Elle voit tout.
S'occupe de tout.
Tenez, d'ailleurs, elle mériterait d'être tenue par une bonne femme !

Giacomo, défaitiste :
Oh, pas d'inquiétude là-dessus, ça finira par arriver !
Comme pour le reste.
Les robes de bures vont raccourcir.
Les sandalettes vont se pourvoir de talons.
Et le pape…
Celui-là, croyez-moi, il est mal barré…

Jacques, vidant son verre d'un coup :
Sûr !
C'est de la fumée rose qui sortira de la cheminée du Vatican à l'avenir.
L'Indien pourra aller se rhabiller !

L'abbé, l'imitant :
Eh oui !
Le diable fera entendre sa raison, là aussi !
Buvons, mes amis !
Ça au moins, elles ne l'auront pas !

Acte 3
Scène 4, chapitre 16

Les acteurs :
- Egon.
- Giacomo.
- Jacques.
- L'abbé.

C'est le même tableau que précédemment et il n'est pas brillant. Nous voici arrivés à la dernière scène du roman en pièce, la seizième en tout et la quatrième du troisième acte. Le directeur du théâtre et l'éditeur sont partis depuis longtemps. Les spectateurs retiennent leur souffle, on sent bien qu'il va se passer quelque chose, mais on ne sait pas quoi.

Ailleurs, la nuit se prépare à lever le camp. Les goélands de la tour de Bretagne se réveillent. Ils s'étirent et se lissent les plumes. Il ne pleut plus, mais il fait froid. C'est presque le petit matin.

Hiroshima s'endort enfin entre ses draps roses. Dans son sommeil, pour une fois, elle ne fantasmera pas sur les hommes. Elle sera sage. Ses seins lui font mal. Elle est perturbée de sa nuit. Des images lui reviennent, elle part dans une sorte d'autobilan assez négatif. Puis, elle prend la décision de se dire que tout cela est derrière elle maintenant. Les hommes, les roses, le bar, le pétroléum et le reste. Elle finit son mois et elle quitte la brasserie. C'est dit.

Bisous-bisous mange son plat, chez lui, à sa table. Il a remis ses roses dans le frigo du garage. Sa femme se lève. Dans quelques minutes, elle fera les comptes de sa nuit. Il soupire. Il n'aime pas la voir avant de s'endormir. D'ailleurs, il n'aime pas la voir au réveil non plus.

Le jeune Samson a décidé de sécher son entraînement de football. Il ne veut pas croiser Dalila dans les vestiaires. D'ailleurs, il ne veut croiser personne. Il reste au lit. Triste, mais au chaud. Et puis, à quoi bon taper dans un ballon quand en une nuit, on a compris l'essentiel de la vie ? C'est ce qu'il se dit.

Dalila, quant à elle, s'est consolée dans les bras du chauffeur de taxi qui l'a ramenée chez son papa. Mais la place était étroite, elle a des courbatures et des écorchures aux genoux. Elle décide elle aussi de rentrer chez elle et d'y rester. Son chauffeur, pour qui elle n'était qu'une passagère, s'est montré efficace avec ses sens, mais un peu violent tout de même. Elle se dit que dans l'acte sans amour, il manque quand même quelque chose, même si l'étalon est beau.

Pendant ce temps, De Housse, le taxidermiste et Giacomo s'abîment sur les fonts baptismaux.

Les révélations du bon abbé sur sa vie passée provoquent le silence et la méditation des trois autres. Et, le moins que l'on puisse dire, c'est qu'elles remuent les cœurs.
Egon De Housse, tout à ses problèmes, reste enfermé dans son monde. Pour quelques instants seulement, il s'est éloigné. Il discute avec un prie-Dieu en érable canadien. Le meuble est imprégné de la sagesse des Hurons. Il est de bon conseil.

Jacques, profitant de la générosité vinicole du bon abbé, tasse verre sur verre, ni joyeusement ni tristement. Il boit pour boire. Par gourmandise et par besoin à la fois. Ce n'est pas bien, nous le savons d'ici jusqu'à Marseille, mais c'est ainsi.

Giacomo devient subitement très noir. Il serait inquiétant à voir, si les trois autres prenaient la peine de le regarder. C'est d'ailleurs par sa sinistre explosion que la dernière scène de la pièce et du roman va commencer. Il dit :

Giacomo :
Vous la trouvez triste votre histoire, l'abbé ?
À s'en exiler sur les roches du Tibet ?

Triste à en remettre une soutane ?
À s'en ouvrir le crâne ?
Il marque un temps, vide son verre, se lève, regarde le sol quelques instants, puis reprend, tout auréolé qu'il est de son bel effet :
Elle est pourtant commune, votre histoire !
Il n'y a pas de quoi brûler un cierge à sa mémoire !
Votre amourette de quelques soirs,
c'est celle d'une idiote et d'un âne !
De celles qu'on raconte quand l'imagination est en panne !
Elle est connue !
Elle est vue et revue !
Repassée et bien pliée !
Mais au moins, vous n'avez pas vécu les coulisses de votre liaison !
Le pendant et l'après, qui auraient fait de votre Jésus un saucisson !
Et vous n'avez pas subi la trahison et la peur dans les loges désertées !
Vous n'avez fait qu'imaginer la vie dont vous rêviez !
Giacomo toise l'abbé de toute sa hauteur, le sourcil en accent circonflexe et l'œil noir. L'abbé ne moufte pas. Trop estomaqué pour réagir et par trop imbibé du sang du Christ et donc virtuellement du pardon. Giacomo reprend sa confession sinistrement :
Moi, j'ai tout perdu à cause d'elle !
C'est au sécateur qu'elle m'a coupé les ailes !
Elle a tout emporté !
Ma jeunesse, ma foi, mes espoirs et jusqu'à mes enfants !
J'ai tout perdu et je navigue depuis dans le néant…
J'ai voulu vivre des feux de la passion et j'en suis devenu un grand brûlé !
Mon âme s'est consumée,
comme l'encens brûlant sur l'autel des sacrifiés !

Je l'ai pourtant aimée comme un fou, cette saloperie !
Plus fort que ma vie !
Tout le temps de mon mariage,
je n'ai cessé de me battre avec moi-même !
Pour rester l'homme idéal à ses yeux, pour être une crème.
Pour gommer mes défauts et garder mon ascendant.
Pour demeurer prince charmant au sourire éblouissant !
Mais je me suis menti !
Je me suis trahi !
Car au bout du compte, j'ai donné beaucoup plus que je n'ai
reçu.
Vulgairement, et comment le dire autrement : je l'ai dans le
cul !
Et ce n'est que maintenant,
à mon âge que j'ai appris à ne plus m'en laisser conter.
Au vieil âge...
À quelques pas de passer ma viande au salage.
Maintenant que mon soleil est éclaté et que mes fleurs sont
fanées.
La lune et les étoiles vers d'autres cieux ont cavalé...
Il y a bien longtemps que les corneilles
ne se posent plus dans mon jardin.
Même sur la barrière.
Même l'air de rien.
Rien n'y fera, ma jeunesse est partie avec mes illusions et mes
cheveux !
Avec les chansons et les mots des jours heureux.
Pourtant quand je me retourne, je me dis que c'était hier.
Que c'était hier que j'étais beau et fier.

Son maquillage, à cause de la pluie battante plus tôt subie, tombe en plaque. Le comédien fait son âge. Et peut-être même un peu plus. Il se révèle, il n'a plus de masque. Il poursuit :

J'ai soixante-dix ans et ma vie est derrière moi !
Bien loin derrière moi...
Alors maintenant, je laisse aller...
C'est décidé.
À quoi bon jurer de ne pas finir,
puisque c'est écrit noir sur blanc sur un contrat céleste.
Notaires et tabellions ne sont que des terrestres...
Ils ne sont que gratte-papiers insignifiants.
Que petits latinistes distingués et fanfaronnants...
Car on n'emporte rien avec soi au vieil âge.
Sauf peut-être des souvenirs tièdes
et des regrets qu'on laisse sagement en cage.
Je l'ai aimée, à un point que seul Dieu sait.
Comme vous, l'abbé !
J'ai aimé à en perdre la raison et à ne plus connaître les saisons...
À me tatouer son prénom sur le cœur et sur le front.
À ne plus penser à rien que d'être pour elle le bon.
Mais pour ce faire, j'ai brodé mon âme de plomb.
C'est ce qui m'a conduit à l'échec d'une vie.
C'est ce qui fait qu'aujourd'hui, je me renie.
Et pourtant...
Pourtant !
Jamais je ne l'ai trahie !
Jamais je ne lui ai menti !
Mais j'ai montré mes faiblesses et elle en a ri !
Je l'ai questionnée et elle ne m'a rien avoué, rien dit...
Je lui ai ouvert mon cœur et il a saigné !
Il n'a fait pourtant que son métier...
Et elle, elle a pris un seau et elle en a fait du boudin, de mon sang.
C'était il y a maintenant presque vingt ans...

Il marque un temps, le dos courbé, la jambe chancelante, les affres du temps se montrent en cet instant de renoncement :
Elle est partie.
Elle s'est envolée !
Et ma vie est devenue grise, la couleur en est sortie à tout jamais !
Elle m'a laissé m'échouer sur un rivage peuplé d'une seule femme.
Et les feux qu'elle alluma jadis consument encore mon âme.
Le sociétaire pose son verre sur la table, tourne le dos aux trois autres et met les mains dans les poches de sa veste :
Je suis devenu un acteur maudit…
Moi qui avant faisais rêver toutes les femmes de Paris.
Qui leur faisais faire nuits blanches !
Moi qui mettais le feu aux planches !
Moi qui buvais les vers comme personne ne savait s'en abreuver !
Mais la passion s'est séparée de mon métier !
Comme elle de moi.
Depuis, mes actes sont froids.
Depuis elle, je n'ai plus réussi à aimer.
À vivre ce que je déclamais !
La mort est devenue mon amour de vieillesse.
Une vieille maîtresse qui chaque jour un peu plus me blesse.
Une amanite caressante, l'amante de mes vieux jours…

Il lève la tête vers le ciel, inspire et se retourne doucement vers les autres, tout en délicatesse, la voie sourde et nostalgique, peinée et cassée par l'émotion :
Mes enfants m'ignorent, absorbés par leurs jeunes vies.
Cette salope n'a eu de cesse de me chasser de leurs esprits !
Ils sont pollués par la médisance de cette femme que j'ai connue papillon et qui maintenant est devenue guêpe.

Elle les a retournés comme des crêpes !
Cette diablesse a fait de moi le tondu, le mouton !
Le nazillon !
À ce que je dis, mes enfants restent sourds.
Ils restent de marbre à mon paternel amour.
Victor Giacomo, les larmes aux yeux, fait quelques pas vers la sortie de la pièce. Il se retourne encore vers eux et soupire :
Ce soir, mes amis, c'est mes adieux que je vous fais !
Je quitte le métier.
Je ne suis plus qu'un bouffon en perpétuelle représentation
pour un public qui n'existe pas !
Un fantôme sans son drap !
Je cite, je déclame, mais il n'y a plus personne pour applaudir !
Il n'y a plus personne pour rire ou même sourire !
Mieux vaut ici et ce soir en finir !
Je suis un presque mort...
Un zombie, un porteur du mauvais sort !
Alors, je tire ma révérence !
D'ailleurs, qui remarquera mon absence ?
C'est décidé.
Je rentre dans les ordres, comme vous l'abbé !
J'y rentre et j'y boirai pour oublier d'égrener en pensées
le chapelet de ma vie.

Egon est surpris, il n'avait pas songé à tout ça ! Il n'avait rien vu venir. Au-dessus, au-dessous et dans l'église, le temps se fige. Plus rien ne bouge. La confession terrible de cette âme en souffrance a déchiré le temps. Qui aurait pu croire que cet homme noble et beau, grand et fort, n'était qu'une plaie gangrénée par une souffrance indigne ?

Egon De Housse ne peut que se taire et contempler l'affreux spectacle de cet homme rongé par l'acide féminin qui ne suinte que dans l'âme de ceux qui aiment.

Mais, c'est Jacques, le fameux taxidermiste, qui l'empêcha de penser plus loin. Le drôle, pris de raisin et de colère, fit à son tour sa confession !

Jacques en colère :
Et moi, vous croyez quoi ?
De quoi je souffre moi, le sémillant, le drôle, l'amusant, le jovial, le burlesque amateur ?
Avec mon physique moche et ma gentillesse à la con !
Ma gentillesse !
Cette tare qui n'est peut-être même pas congénitale parce qu'en plus,
je suis un enfant de salop !
Je n'ai pas connu mes parents, mais pour abandonner son enfant,
il faut quand même être un beau salop !
Non ?
C'est à son tour de se lever de la table. Il poursuit, énervé et triste à la fois :
Les femmes ne m'ont jamais respecté.
Jamais aimé.
À commencer par ma propre mère.
Avec ces salopes de femelles,
je me suis toujours senti comme une quille dans un jeu de chiennes.
J'ai essayé d'être beau et je n'y suis pas arrivé.
Je me suis privé.
Des fois, j'ai même réussi à maigrir de quelques kilos !
J'ai essayé d'être sportif !

D'être romantique !
J'ai essayé de comprendre ce que ces tordues avaient dans le crâne !
Quelle connerie !
Et quand, lors de rares rendez-vous, elles me répondaient que c'était la beauté intérieure qui comptait le plus, en matant le joli cul rond et musclé du serveur et en se demandant ce que son petit tablier blanc pouvait bien cacher, j'avoue que j'aurais bien voulu en étrangler une !
Ce que je sais, c'est que si tu as le physique de Paul Prébois, tu ne te tapes pas Madonna !
Quelle femme aime un homme qui ne voit même pas sa bite quand il pisse !

L'abbé, amusé :
Mon fils !
Nous sommes dans une église, tout de même !

Jacques, agressif :
Eh ! Oh ! Mollo l'abbé !
Et que connais-tu du Bon Dieu, toi, d'abord ?
Un cantique, une image ?
Une parole qu'on t'a rabâchée !
Mais, vous vous voyez ?
Là, vous tous !
Assis là, à pigner comme des mômes !
Mais les gars, nous sommes tous déçus des femmes !
Chaque homme est déçu, a été déçu ou le sera !
Et elles de nous aussi, certainement !
Mais le fait est que sans amour, comme dit le sociétaire, il n'y a rien qui vaut le coup !
Et moi, je suis sans amour depuis toujours…

Alors, arrêtez de me faire chier !
Il marque un arrêt, fixe Egon et reprend :
Toi le disciple, tu es beau !
Alors, qu'est-ce que tu attends pour les faire souffrir ?
T'as pas les couilles, c'est ça ?
Le fait de bien voir ta bite quand tu pisses te permet d'en connaître l'exacte dimension et tu te dis qu'on n'enfonce pas une porte avec une allumette ?
C'est ça ?
T'es une petite bite, Monsieur De Housse !
Beau comme un camion, mais con comme une valise sans poignée !
Il arrête de le fixer et rumine encore davantage.
Allez tous vous faire foutre !
C'est ça !
Moi aussi, je vais rentrer dans les ordres,
je vais faire comme le faux vieux beau, le phallocrate et le salop là-bas !
Et moi en plus, je fais vœu de silence !
Comme ça, je ne m'emmerderai plus à vous répondre !
Et vous ne vous emmerderez plus à m'entendre !
Merde, merde et contre merde !

Jacques le taxidermiste sortit de la pièce à son tour et alla s'écrouler sur les marches de l'autel, non sans un certain panache. Puis, il baissa la tête sans mot dire aux autres et en se maudissant intérieurement d'être ce qu'il est.

Victor Giacomo pleure en silence, sa perruque dans les mains. Il est assis non loin de Jacques.

Egon fixe en silence l'abbé Rézina.

Le bon abbé a remis le nez dans son litron et ne semble plus vouloir en sortir.

Egon ressent un vide énorme dans son ventre, et ce n'est pas dû à un excès de pétroléum.
Ni à la bière de la brasserie à la mode de Nantes.
C'est encore « elle » qui revient à la charge.
Il est triste, il l'a perdue, il l'aime encore et pour son salut, il ne doit plus l'aimer.
C'est bien ce que ce soir on lui a enseigné.
De Jacques il ne comprend rien.
Il ne retient rien.
Lui est beau et le taxidermiste est laid.
Il y a une frontière intemporelle et immatérielle entre eux.
Ils ne vivent pas sous le même hémisphère.
Mais de Giacomo, il a tout absorbé, tout autant que de l'abbé, et au final, il en rit en secret.
Et il doit se l'avouer, il sait maintenant dans quelle direction aller.
La vie n'est pas toujours drôle et il se dit que le bonheur est vraiment pareil à un courant d'air, que quand on le sent, non seulement il est trop tard, mais en plus, on est déjà enrhumé. Une autre chose est certaine, le bonheur n'est pas une maladie, preuve en est, il n'est pas contagieux.

Egon ne veut plus rien jusqu'à demain.
Giacomo ne veut plus ni parler ni jouer.
Jacques le taxidermiste ne veut plus penser.
L'abbé Rézina veut rester seul dans sa maison trop grande pour lui.
J'ai bien peur que le roman en pièce ne puisse continuer à se jouer.

Mais peut-être pourra-t-il se chanter ?

Vaudeville

Vaudeville

Hommage à Pierre Augustin Caron De Beaumarchais, librement inspiré du « Mariage de Figaro ».

D'abord bruissante, puis frémissante, enfin bruyante, la musique du ballet final emplit la salle.
Le rideau s'ouvre de nouveau.
Les comédiens arrivent de toutes les issues de la scène.
Des danseuses, dissimulées depuis le début dans le public, font l'abordage des planches, dans un joyeux désordre.
Tandis qu'en rang maintenant, les comédiens chantent en « La », les mains derrière le dos, les lumières des rampes montent en intensité.
Dans la fosse, l'orchestre devient visible.
La musique entraînante du ballet monte vers les balcons et rebondit aux quatre coins du théâtre.
Le narrateur se découvre enfin, lui qui n'était qu'une voix, arrivant en dernier, le feuillet de chant à la main, sous les applaudissements des comédiens et des danseuses. Il fait l'ouverture.

Premier couplet :
De que vous avez pu voir ici,
en parcourant la belle comédie,
Des lourds déboires au fil des pages,
De tous ces odieux personnages,
Vous retiendrez, de ce bel ouvrage,
Que les hommes ici se font soucis,
Les comédiens par-dessus :
Et même par ici les abrutis !
Lui plus haut :
De ce qu'aujourd'hui la femme se dit
En gagnant le paradis.
Les comédiens par-dessus :
De ce qu'aujourd'hui la femme se dit.

Le ballet au complet danse une courte farandole :
Lalala lala lala la lalala lalalalalala (ter)
Lalala lala lala la lalala lalalalalala (ter)

Jacques au second couplet :
De par le sort et par sa naissance,
Au monde, l'un vient beau et l'autre laid,
L'un est pauvre et l'autre argenté,
Et si la vie n'est qu'une loterie,
Tu ne dois pas maudire ta chance,
Dis-toi que seul l'esprit peut tout changer,
Que la volonté n'est pas pauvreté !
Il faut mettre la saveur au pari,
Si tu veux la mener jusqu'à l'autel !
Et notre Cupidon est immortel !

Les comédiens par-dessus :
Si tu veux la mener jusqu'à l'autel !
Jacques plus haut :
Et notre Cupidon est immortel !
Les comédiens par-dessus :
On ne lui coupera pas les ailes !

Le ballet au complet :
Lalala lala lala la lalala lalalalalala (ter)

Bisous-bisous, au troisième couplet, un bouquet de rose à la main :
Qu'il s'agisse là de notre vieux beau,
Qu'il s'agisse là d'notre jouvenceau,
Qu'il s'agisse là d'notre bon abbé,
Tous ceux-là ont du mal à digérer,
Après récolte, les fruits de l'amour,
Que les belles qu'ils ont tant conspuées,
Ont si généreusement distribué !
Ils auront beau discourir sur l'amour,
Même réfugiés au presbytère !
Celui-ci leur restera un mystère,
Les comédiens par-dessus :
Même réfugiés au presbytère !
Bisous-bisous plus haut :
Celui-ci leur restera un mystère !
Les comédiens par-dessus :
C'est la vie qui parle il faut se taire !

Le ballet au complet chante pour le premier refrain en chœur, centré sur la scène, mains derrière le dos, tandis que les danseuses multiplient les cabrioles :

Car point ne leur suffira,
De jouer leur opéra,
De crier ou de rager,
De gémir ou de pleurer !
De râler ou de pigner !
Aucun d'eux ne parviendra,
À gagner un cœur léger,
À sortir à s'évader !
Aucun d'eux ne parviendra,
À sortir à s'évader !

L'abbé, au quatrième couplet sur le devant de la scène :

Des vœux prononcés par le bon abbé,
Aucun n'a voulu être exaucé !
Celle qu'il aurait voulu posséder,
L'avait amené à se défroquer !
La foi ne remplacera pas le sien !
Dieu fait grâce aux hommes de bien,
Qu'ils trouvent paradis avec les seins,
D'une vierge ou d'une putain.
Peu importe à l'amour le moyen !

Les comédiens par-dessus :

D'une vierge ou d'une putain !

L'abbé plus haut :

Peu importe à l'amour le moyen !

Les comédiens par-dessus :

Dieu fait grâce aux hommes de bien !

Le ballet au grand complet partant en farandole :
Lalala lala lala la lalalalalalala (ter)
Lalala lala lala la lalalalalalala (ter)

**Dalila, au cinquième couplet,
portée par deux comédiens :**
Les hosties tout comme le saint calice,
masquent les faiblesses de l'espèce !
Qui préfère le bon vin de messe,
À vot' paradis et ses promesses !
C'est le diable qui fait police,
Quand les femmes perpétuent l'espèce,
En remuant savamment des fesses !
En y mêlant sexe et tendresse !
Sexe choisi ou sexe volage,
Ni l'un ni l'autre n'aime les sages !
Les comédiens par-dessus :
Ni l'un ni l'autre n'aime les sages !
Dalila, plus haut :
Sexe choisi ou sexe volage !
Les comédiens par-dessus :
Laissez l'oiseau sortir de la cage !

Le ballet au complet reprenant la farandole, descendant de la scène pour passer entre les rangs en dansant pour au final remonter sur les planches :
Lalala lala lala la lalala lalalalalala (ter)
Lalala lala lala la lalala lalalalalala (ter)
Lalala lala lala la lalala lalalalalala (ter)

Hiroshima, au sixième couplet, assise au bord de la scène, ses pieds nus battant dans le vide :
Sexe aimé et sexe détesté,
Homme aimé et femme haïe,
Femme aimée et homme haï,
Maudit soit l'jour où j't'ai rencontré,
Où d'un seul regard tu m'as capturée,
Où d'un seul geste tu m'as ravie !
Homme aimé, femme espérée,
jamais sur moi tu ne t'es retourné !
Pour l'amour faut-il être le plus beau ?
Y a-t-il une chance pour les lourdauds ?
Les comédiens par-dessus :
Y a-t-il une chance pour les lourdauds ?
Hiroshima plus haut :
Madame faut-il être le plus beau ?
Les comédiens par-dessus :
Dans ces jeux, l'amour est notre héros !

Le ballet complet part à nouveau en farandole mais reste sur scène en chantant :
Lalala lala lala la lalala lalalalalala (ter)
Lalala lala lala la lalala lalalalalala (ter)
Lalala lala lala la lalala lalalalalala (ter)

Puis le ballet au complet, chante pour second le refrain :

Car point ne leur suffira,
De jouer leur opéra,
De crier ou de rager,
De gémir ou de pleurer !
De râler ou de pigner !
Aucun d'eux ne parviendra,
À gagner un cœur léger,
À sortir à s'évader !
Aucun d'eux n'arrivera,
À sortir à s'évader !

Egon s'avance en dansant pour le dernier couplet :

Dieu que l'amour et la haine,
S'éloignent et se rejoignent,
Au grand bal des incompris,
y a qu'le mort qui reste assis !
Le beau sexe a ses raisons,
Que la raison ne reconnaît,
Il n'y a ni bon ni mauvais,
Quand l'abeille joue le bourdon !

Vous Mesdames et vous Messieurs,
La comédie folle et gaie,
Qui s'est jouée sous vos yeux,
Qu'on vous a fait entendre ici,
Par-delà bien d'autres cieux,
Mars et Vénus s'y sont dévoués,
Les anges et mêm' peut-être Dieu !
C'est la vie qu'on a dépeinte ici !

Le ballet au complet :
C'est la vie qu'on a dépeinte ici !
Y a qu'le mort qui reste assis !
Que le mort qui reste assis !

Egon :
De ce roman en pièce,
Vous garderez à l'esprit,
Je le dis et le confesse,
Cette idée qui nous sourit,
Que de l'homme ou de la femme,
On ne sait d'où vient la flamme,
Que de Vénus ou du beau Mars,
On ne sait qui mène la farce !

Le ballet au complet :
Que de Vénus ou du beau Mars,
On ne sait qui mène la farce !

Egon :
La comédie nous fait leçon,
Nous terminons en chanson,
Et nous tous nous déclarons
Avec toute humilité :
Pour être né, pour exister,
Mars et Vénus y ont participé !

**Le ballet au grand complet pour le final,
sur une farandole endiablée :**

*La comédie nous fait leçon,
Nous terminons en chanson,
Et nous tous nous déclarons,
Avec toute humilité :
Que pour être né pour exister,
Mars et Vénus y ont participé !*

*La comédie nous fait leçon,
Nous terminons en chanson,
Et nous tous nous déclarons,
Que pour être né, pour exister,
C'est inutile de le nier !
Mars et Vénus y ont participé !*

*La comédie nous fait leçon,
Nous terminons en chanson,
Et nous tous nous déclarons,
Que pour être né pour exister,
Mars et Vénus se sont mêlés !
Et tous deux ont pris leur pied !*

Le ballet au complet poursuit sa farandole, le rideau glisse doucement.

*Lalala lala lala la lalala lalalalalala
Lalala lala lala la lalala lalalalalala
Lalala lala lala la lalala lalalalalala
Lalala lala lala la lalala lalalalalala
Lalala lala lala la lalala lalalalalala*

Quelques-uns des personnages, invités d'honneur, que nous remercions sincèrement de leurs participations comme de leurs figurations :

- **Mac Arthur,** Douglas, buxidanicophile.
- **Sigourney Weaver,** chez Casimir.
- **Karl Lagerfeld,** cintré.
- **Picasso,** à Avignon.
- **Elsa** avec **Aragon.**
- **Jane** avec **Serge.**
- **Lady Gaga,** à la boucherie.
- **Loana,** dans une piscine.
- **Madonna,** dans une église.
- **Grosso et Modo,** en citation.
- **Jaurès,** assassiné.
- **Jacques Brel,** se demandant pourquoi on a buté **Jaurès**.
- **Fernandel,** sans **Marguerite.**
- **Arlequin** versus **Colombine.**
- **Le jeune Samson,** acnéique.
- **Dalila l'infidèle,** raseuse comme **Éva Braun.**
- **Adolf,** handicapé de la moustache.
- **Rantanplan,** comme référence psychiatrique.
- **Goscinny,** maître à penser.
- **Morris,** un type chanceux.
- **Tintin,** sans Milou.
- **Joséphine,** sans Baschung.
- **Trump,** seigneur américain.
- **Un président,** normal.
- **Félix Faure,** pompé.
- **Poutine,** pour un rapprochement franco-russe.
- **Dieu.**
- **Dieux.**

- **Delacroix,** pour l'imprimerie nationale.
- **Dutronc,** sans lunettes.
- **Patrick Bruel,** dit Maurice.
- **La sucette,** à Annie.
- **Leopold,** académicien.
- **Marat,** avec sa **Charlotte**.
- **Pierre Perret,** censuré.
- **Tournez manège,** l'émission.
- **Un mannequin,** italien et sans voix mais avec une guitare.
- **Lucie,** première emmerdeuse reconnue.
- **Zola,** assommé par des nanas.
- **Des Amazones,** à deux nichons.
- **Daniel Gélin,** sur le fleuve et à la rame.
- **Les seins,** de **Samantha Fox**.
- **Christophe,** sur la plage mais à marée basse.
- **Saint-Valentin,** commerçant inscrit au registre du commerce et des sociétés.
- **Louis de Funès,** avec un grand « M ».
- **Une Messaline,** à l'hôtel.
- **Prométhée,** éteint.
- **Sophie Marceau,** mime de rien.
- **Marie-Antoinette,** Teutonne à gros tétons, d'après **Alain Decaux**.
- **Honoré de Balzac,** largué.
- **Laetitia Casta,** à bicyclette.
- **Sardou,** gueulant plus fort que Johnny.
- **Clemenceau,** sans amiante.
- **Jules Verne,** dans un bordel du quai de la fosse.
- **Jean Rochefort,** dresseur d'éléphants.
- **Alexandre Dumas fils,** fier de son père.
- **Roxane,** chieuse du suivant.

- Cyrano, (Hercule, Savinien de Bergerac) suivant.
- Claude Brasseur, campeur dans l'éternel.
- Pinocchio, dit « bite en face ».
- La fée Disney, coupable de détournement de mineur.
- Crébillon fils, sans le père.
- Herbert Léonard, avec valise et avec **Julien Lepers**.
- Dumas père, sans le fils.
- Guitry, épuré depuis 1945.
- Un éléphant trompeur, en hommage à Yves Robert.
- Leonardo DiCaprio, à la porte.
- Le capitaine, des cadets de Gascogne.
- Une, que Georges Brassens aurait appelée « vilaine ».
- Joe Dassin, laï, laï, laï, laï !
- La robe mauve de Valentine, en hommage à **Sagan**.
- Woody Allen, à poil sur un pouf.
- Sœur Anne, taupe de service.
- Haroun Tazieff, sismologue et gynécologue **d'Alice Sapritch**.
- Arletty, dans l'atmosphère.
- Géricault, endetté chez Véolia.
- Rodin, libre penseur.
- Aïda, sur une radio portative.
- Proust, amateur de Petit Lu.
- Hercule, demi-dieu délicat.
- Une biche, aux cornes d'or.
- Le France, pas que beau.
- Clint, cowboy actionnaire chez Ford.
- Lucky-Luke, non-fumeur.
- John Wayne, communiste déguisé.
- Jugnot, choriste.
- Jean-Luc Godard, réalisateur chiant.
- Arthur, roi des couillons.

- **Le graal,** introuvable.
- **Renaud,** star à quatre demis.
- **Jésus,** en kilt.
- **Jean-Paul,** deuxième du nom, superstar.
- **De Gaulle,** en guerre star.
- **Monet,** et des fauves.
- **Molière,** investisseur chez Poclain, fournisseur d'engin de T.P.
- **Mao,** à bicyclette.
- **Che Guevara,** sans béret.
- **Pluto,** concourant de Rantanplan.
- **Mickey Maousse,** qui mousse quand on le secousse.
- **Alain Delon,** grand parmi les grands.
- **Gainsbourg,** artiste majeur.
- **Haddock,** barbu parmi d'autres.
- **Sœur Marie Berthier,** en procession.
- **Victor Hugo,** et tout l'orchestre de Notre-Dame.
- **Voltaire,** immortel.
- **Un esprit,** à la fourrière.
- **Cézanne,** qui en fait une montagne.
- **Matisse,** avec le bleu à l'âme.
- **Armstrong,** le céleste.
- **Rolland à Roncevaux,** pris au col.

Et pour finir : **Pierre Augustin Caron De Beaumarchais.**

Bibliographie de Yoann Laurent-Rouault aux Éditions JDH

Aux petits bonheurs ou l'anatomie de la marguerite – recueil de textes, collection My Feel Good.
Préface pour *Claude Gueux* de Victor Hugo, dans la collection Les Atemporels.
Le conard nu – roman, dans la collection Magnitudes.
Adaptation française de *La tragédie de Fidel Castro*, de Joao Cerqueira – prix international de littérature, collection Magnitudes
La dictature sanitaire – pamphlet, collection Uppercut, collectif.
Stupeur et confinements – collectif JDH Éditions, orchestration et texte intitulé « Monsieur le ».
Nos violences conjuguées – collectif JDH Éditions, orchestration et nouvelle intitulée « Rue de la soif ».
Tu n'iras pas à l'école mon fils – pamphlet, collection Uppercut.
Bouses de mammouth – collectifs JDH Éditions (orchestration, préface et texte intitulé « Bouse de mammouth »).
Cadavres écrits – collectif de la collection Black Files, orchestration, préface et nouvelle intitulée « Saint Anne de la Miséricorde ».
Préface pour le roman *Dripping sur tatami* d'Hector Marino – collection Sporting Club JDH Éditions.
Monoparentalité, courses en solitaire, texte, collectifs JDH Éditions.
Les noces perverses – thriller érotique avec Ana Jan Lila, dans la série *De Stockholm à Lima*.

Immigration mon amour – biographie de Lamia Aamou, collection Baraka, JDH Éditions, le livre sur mesure.

Le roman en pièce ou la petite cuillère de porcelaine rouge – théâtre contemporain dans la collection Drôles de pages, JDH Éditions.

Acte 1 9

Acte 2 109

Entracte 177

Acte 3 191

Vaudeville 243

Drôles de pages

Collection dirigée par Yoann Laurent-Rouault

Chroniques, récits, journaux, témoignages, carnets de bord, expériences en tous genres, loufoqueries et billevesées. Théâtre et roman. Nouvelles. Poésie. L'élixir et aussi le flacon. Tout y est possible.

Une seule condition d'admission : l'humour et la réflexion doivent s'unir pour le meilleur et non pour le pire.

Cette collection est effectivement un agglomérat de drôles de pages, servez-vous et dégustez chaud !

À découvrir dans la collection Drôles de pages

Aimez-vous les uns les autres
de Sir Sami Rliton

Le meurtre du bon sens
de Gilles Nuytens

Petit traité philosophique d'une confinée du peuple
d'Anne-Sophie Tredet

L'existence de l'inexistence
de Jean Guesly

ZAD
de Julie Jézéquel et Christophe Léon

Quatre en quatre temps
de Sylvie Bizien

L'humanisme avant tout
de Badis Diab

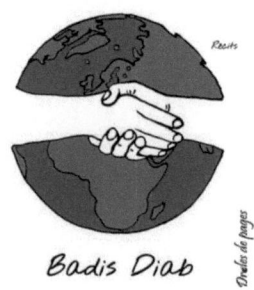

L'Édredon

La revue littéraire de JDH Éditions

Venez découvrir les textes de la revue

**Textes et articles dans un rubriquage varié
(chroniques, billets d'humeur, cinéma, poésie…)**

Suivez **JDH Éditions** sur les réseaux sociaux
pour en savoir plus sur les auteurs,
les nouveautés, les projets…

Inscrivez-vous à notre Newsletter sur
www.jdheditions.fr
Pour recevoir l'actualité de nos nouvelles
parutions